JÖRG STREHLOW

—Fischküche für Angler

MIT REZEPTEN VON
SEBASTIAN BRUNS

Kochen, Grillen, Räuchern –
drinnen und draußen

KOSMOS

Inhalt

Ein gutes Team am Herd und beim Angeln – Jörg Strehlow (links) und Sebastian Bruns.

Liebe Leserinnen, liebe Leser,

die Entstehung dieses Buches hat mir besondere Freude bereitet, denn ich liebe Lebensmittel. Noch lieber sehe ich ihnen dabei zu, wie sie in Pfannen, Töpfen, Räucheröfen oder auf Grillrosten ihre wunderbare Reise antreten. Ihre Verwandlung von einem makellosen Bestandteil der Natur hin zu einem erlesenen kulinarischen Genuss! Fische, davon gerne die frischesten und leckersten, haben es mir als Angler ganz besonders angetan. Und ich gehöre zu den glücklichen Petrijüngern, die einen Teil ihrer Fänge gerne auch aufessen und für andere Esser zubereiten. Sie können sich also gewiss vorstellen, welch gute Zeit Sebastian Bruns und ich in der Seminarküche von „Deutsche See“ in Bremerhaven hatten, wo Sebasian als Seminarleiter arbeitet. Die Zusammenarbeit war für mich ein besonderer Glücksfall. Selten habe ich einen Angler getroffen, der so viel Herz an seine Passion verschenkt! Und wer das Angeln und die Fische verehrt, die einem dabei manches Mal an den Haken gehen, der hat auch genug Einfühlungsvermögen für ihr zartes Fleisch. Der kann es besser auf den Punkt garen, die Haut, die es umhüllt, selbstverständlicher knusprig braten und treffsicherer die passende Zutat und das richtige Gewürz für dessen Veredlung auswählen. Die Tage, die wir gemeinsam am Wasser verbracht haben, um Zander und Hechte zu angeln, die Zeit in der Küche am Nordseestrand – beides hat uns gut getan und uns gezeigt, wie eng doch die Sinne eines tüchtigen Anglers mit denen eines begnadeten Koches miteinander verbunden sind. Es kommt bei beidem auf Kleinigkeiten an! Meine persönlichen Höhepunkte in diesem Buch sind auf jeden Fall die Gerichte, die wir aus Hechten, Rotaugen und Grundeln zubereitet haben. Denn diese Fische sind eigentlich nicht die erste Wahl in der Gunst vieler Fischesser! Mit unseren raffinierten Kreationen wird Ihnen deren Genuss aber bestimmt nicht weniger guttun als der von Dorsch, Zander oder Wolfsbarsch. Insgesamt haben wir in diesem Buch 16 unterschiedliche Fischarten und zwei Krustentiere zubereitet, jeweils nach ganz eigenen Kreationen von Sebastian Bruns. Und manches Mal mit überraschenden Handgriffen, wie der TK-Zitrone oder dem Kalträuchern unter Frischhaltefolie – frittierte Fischschuppen gehören sicher auch zu den magischen Momenten, die Sie in diesem Buch erfahren werden.

Wenn Ihnen die Lektüre dieser Seiten nur halb so viel Spaß macht, wie uns die Zusammenstellung dieser 160 Seiten bereitet hat, dann haben wir alle etwas davon gehabt!

DIE FISCH-FAMILIE

So ein Buch braucht Zeit, kreativen Raum und gute Geister, damit es irgendwann gedruckt vor einem auf dem Tisch liegen kann. Ich danke daher Sebastian Bruns für seine unermüdliche Mitarbeit an diesem Werk und seine große Inspiration dafür. Seine Rezepte werden Sie begeistern und ich hoffe, dass sich ein Stück seiner großen Liebe für Fisch und Küche beim Lesen dieses Buches auch bei Ihnen einstellt.

Sebastian, auch in Deinem Namen seien hier Christine Marwede und Maria Roesner gedrückt, die uns bei der ersten Erfassung Deiner kreativen Ideen und dem Krieg gegen das Küchen-Chaos so treue Helferinnen waren!

Ein herzliches Danke geht an meine Frau Kerstin, dafür, dass Sie mir den Rücken freigehalten hat, um dieses Buch zu schreiben und zu recherchieren. Das war nicht immer einfach, ich weiß es deshalb umso mehr zu schätzen.

Danke auch an meinen kleinen Jurij für die Grundeln, Krebse und Rotaugen, die er „nur für dieses Buch“ gefangen (und selbstlos zur Verfügung gestellt) hat – worauf er großen Wert legt.

Und zu guter Letzt Danke an unsere liebe Freundin Julia Zorn, ohne deren Verkupplungsgeschick ich zwar Kunde des Sushi von „Deutsche See“, nicht aber deren Partner für dieses Buch geworden wäre!

Wir waren für ein paar Monate alle gemeinsam die „family of fish“ – dafür mein aufrichtiges Dankeschön.

Ihnen, liebe Leser und Leserinnen, wünsche ich nun ganz viel Unterhaltung und Inspiration!

Petri Heil und guten Hunger, Ihr Jörg Strehlow

Auf den Fisch kommt es an

—— Angler sind gute Fischköche

Wir werden immer mehr! Wir, denen es wichtig ist, Nahrung von hoher Qualität zu essen. Für Fisch gilt dies ganz besonders, denn er ist frisch gefangen und ohne lückenlose Kühlkette leicht verderblich. Deshalb war es ein großes Glück für Sebastian Bruns und mich bei der Produktion dieses Buches, dass wir beide leidenschaftliche Angler sind und unser Schuppenwild in anderen Aggregatzuständen kennen als filetiert und in Stücke geschnitten! Fisch ist ein wahrhaft lebendiges Nahrungsmittel, dessen hochwertige Eiweiße sich bereits unmittelbar nach dem Fang und dem Abschlagen der Beute verändern. Ganz klare Merkmale weisen darauf hin, wenn ein Fisch nicht mehr frisch ist. Doch der Umgang mit dem Nahrungsmittel Fisch beginnt schon vorher – dann nämlich, wenn es gilt, angemessen und verantwortungsbewusst mit dem Lebewesen umzugehen, das wir an der Angel haben und das wir gefangen haben. Waidgerechtigkeit bezeichnet den Umgang mit dem Fisch während und nach dem Fang, der ihm stets unnötiges Leid und Qualen ersparen muss. Wir Angler können das durch eine zügige Drillführung (so bezeichnet man das Ermüden eines gehakten Fisches an der Angel) und den Einsatz entsprechend starker Ausrüstung problemlos erreichen. Auch können wir ganz leicht entscheiden, ob ein gefangener Fisch in Art, Größe und Qualität unseren Anforderungen als Küchenfisch entspricht. Tut er das nicht, so setzen wir ihn schonend in das Fanggewässer zurück. Grundsätzlich werden die Fische in unseren Gewässern auch durch Schonzeiten geschützt, die ihnen ein ungestörtes Laichen ermöglichen. Dies ist wichtig, damit wir die Wildbestände von Zander, Barsch und Hecht auch für unsere Kinder erhalten. Da sich aufgrund des Klimas allerdings die biologischen Prozesse in der Fischwelt schneller ändern, als der Gesetzgeber in der Lage ist, regulativ darauf zu reagieren, sind moderne Angler auch eigenverantwortlich und entscheiden aufgrund ihrer Qualifikation und Erfahrung, ob sie eine Fischart vielleicht doch etwas länger schonen oder erst etwas größer dem Gewässer entnehmen, als es im regionalen Fischereigesetz steht. Zu all diesen Facetten der modernen Angelei habe ich in Zusammenarbeit mit Verbänden und Umweltschützern einen Ehrenkodex für Angler entworfen, den Sie unter Eingabe dieses Suchbegriffes auf Facebook finden. Angeln ist mehr als nur Fische zu fangen, und selbst Maß zu halten ist der höchste Orden, den sich ein nachhaltig orientierter Angler anheften kann.

Sebastian angelt sehr gerne auf Meerforellen an der deutschen Ostsee und ich liebe den Zander aus der Elbe. Unsere jahrzehntelange Leidenschaft für diese beiden Fische prägt unsere Einstellung zum Umgang mit diesen und anderen Fischarten. Ich gebe als professioneller Fisch-Guide meine Leidenschaft an die zahlreichen Guiding-Gäste aus ganz Europa weiter. Sebastian hat bei seinem Arbeitgeber „Deutsche See" in Bremerhaven als Leiter der dortigen Seminarküche Gelegenheit, auf die Auswahl der Fische aus Wildfang oder Aquakultur aktiv einzuwirken. Für dieses Buch haben wir zum Beispiel beide die Entscheidung getroffen, Ihnen kein Aal-Rezept zu präsentieren. Der Aal ist zwar ein populärer Fisch für uns Angler und wir wollen Ihnen auch nicht den Genuss Ihrer geangelten Aale vermiesen. Dennoch muss man festhalten, dass diese Fischart für immer und schon für unsere Kinder verloren sein wird, wenn man nicht umdenkt! Aale lassen sich nicht in einer künstlichen Umgebung zum Laichen bringen und man kann sie somit nicht in der Aquakultur reproduzieren. Somit ist jeder einzelne Aal, den Sie im Fischhandel oder beim Fischer erwerben, IMMER ein Wildfang – und zwar ein Wildfang als Jungfisch. Erst dann setzt das Mästen in der Aquakultur ein und der Fisch kann auf Schlachtreife heranwachsen.

Das man sich mit dem Thema Nachhaltigkeit beim Fischfang bei „Deutsche See“ intensiv auseinandersetzt, das ist für ein Wirtschaftsunternehmen dieser Größenordnung aller Ehren wert und hat auch unsere Zusammenarbeit für dieses Buch auf ein ehrliches und gutes Fundament gestellt. Natürlich hat man als Händler für kommerziell erbeuteten Fisch aus der ganzen Welt nicht den Bezug zum einzelnen Tier, wie Sebastian und ich es als Angler erleben dürfen. Doch die Auswahl der Fischereibetriebe, die der „Deutschen See“ als Lieferanten zur Verfügung stehen, wird nicht nach dem Preis alleine bestimmt. Nachhaltige Fangmethoden, möglichst schonender Umgang mit dem Fang (der im Übrigen auch für die Qualität des Lebensmittels ausschlaggebend ist), Rechte der Arbeitnehmer vor Ort und nicht zuletzt die penible Einhaltung von Schonzeiten für den Fortbestand von Wildfängen sowie artgerechte Haltung in der Aquakultur – diese Maßstäbe setzt man in Bremerhaven an. Das hat Sebastian, seine Kollegen aus Produktion, Entwicklung, Marketing, Handel und Geschäftsleitung und mich für die lange Produktionszeit dieses Buches zu einer „family of fish“ gemacht. Als diese Familie will sich das Unternehmen im Zusammenspiel mit Kunden und Lieferanten sehen – und ich schätze das auch als durchaus gelungen ein.

Dennoch bleiben wir Angler im Vorteil – denn den frischesten Fisch gibt es eben nur beim Angler direkt! Der ihn sinnvollerweise aber nicht verkaufen darf,

Einige Gerichte wurden direkt an der Elbe gekocht, natürlich hatten Autor und Koch auch ihre Angelruten im Gepäck.

Sebastian Bruns und Jörg Strehlow lassen sich knusprig gebratene Grundeln schmecken (Rezept Seite 132).

sonst ist er seinen Fischereischein nämlich los – und das zu Recht! Ihr Angler in Familie oder Nachbarschaft ist aber vielleicht so nett (eventuell ja auch gegen Übergabe eines Fläschchens geistvoller Flüssignahrung …) und bringt Ihnen einen seiner Lieblinge mit. Dann sind Sie auf der ganz sicheren Seite. Tiefkühlfisch sollte man nur dann einkaufen oder konsumieren, wenn das nicht anders geht. Das zarte Muskelfleisch und dessen Zellwände werden durch das Eis immer in Mitleidenschaft gezogen und der aufgetaute Fisch ist dadurch einfach weicher. Aus diesem Grund frieren auch intelligente Angler an einem besonders guten Fangtag ihre Fische nicht etwa ein, sondern setzen wieder zurück, was sie nicht frisch und innerhalb von drei Tagen aus dem Kühlschrank heraus verwerten können. Das erhält Fischbestände und zudem die Freude am besten Nahrungsmittel der Welt! Ich habe mal ein paar Spielregeln für Sie als Angler und als Konsument aufgeschrieben und damit Sie auch ganz sicher den Fisch in 1A-Qualität zur Verfügung haben:

TRAUE DEINEN AUGEN!

Ein erster geübter Blick kann schon ausreichen, um einem alten Fisch auf die Schliche zu kommen. Ist der Gesamteindruck gestört, weil die Farben des Schuppenkleides verblasst oder unter einem grauen Schleier verborgen sind, ist Skepsis angebracht. Wenn sich die Kiemen noch im Fischkopf befinden, was ich persönlich für sehr unprofessionell halte, müssen sie unbedingt tiefrot sein – bei ausgebleichten Kiemen und verklebten Kiemenfäden liegt der Fisch garantiert schon mehrere Tage und sollte nicht mehr eingekauft werden. Schlussendlich wird ein negativer optischer Gesamteindruck häufig auch durch ein eingefallenes und getrübtes Auge bestätigt, das sich weit in die Augenhöhle zurückgezogen hat.

DER FISCH STINKT AM KOPF ZUERST!

Sollten Sie nach der optischen Prüfung des Fisches noch unentschieden sein, sollten Sie den Mut fassen und mal ein kräftiges Näschen von dem Burschen nehmen! Nah ran und schnuppern, ob da etwas faul ist – ein guter Fischhändler wird Ihrem Wunsch entsprechen und keine Gefahr wittern. Am besten klappen Sie die Kiemendeckel leicht nach hinten weg und riechen direkt in der Kopfhöhle. „Der Fisch stinkt am Kopf zuerst" – nämlich deshalb, weil sich dort die meisten Fäulnisbakterien befinden. Insbesondere dann, wenn fahrlässigerweise mit Fischen gehandelt wird, deren Kiemen nicht zuvor entfernt wurden. Einen ähnlich nachteiligen Geruchs-Effekt haben auch schlampig ausgenommene Fische, deren Schlund noch aus dem Kopfraum hängt oder deren Nieren noch teilweise am Rückgrat haften.

ERDRÜCKENDE BEWEISLAGE

Endgültige Klarheit über den Frischegrad des Fisches erhalten Sie beim Drucktest mit dem Daumen. Wenn nämlich die Elastizität der Fischmuskulatur nachlässt, weil sich das Bindegewebe bereits langsam zersetzt, dann sollte der Fisch keinesfalls mehr eingekauft und verwertet werden. Dann können Sie nämlich davon ausgehen, dass der Fisch bereits die Totenstarre hinter sich hat und somit wenigstens zwei bis drei Tage lang gekühlt wurde. Unmittelbar nach der Totenstarre kann der Fisch noch gut verwertet werden, wie Sie am fast vollständigen Ausgleich der Druckmulde durch Ihren Finger beobachten werden. Bei ganz frischen Fischen füllt das Fleisch direkt beim Nachlassen des Daumendruckes die Mulde wieder aus, bei wahrhaft altem Fisch bleibt die Delle bestehen.

Damit Fischers Fritze wirklich frische (und leckere) Fische fischt, hier mein kleiner Knigge für kochende Angler:

KURZ UND KNACKIG

Schon aus waidgerechten Gründen erspart man einem Fisch einen unnötig langen Kampf. Für den Küchenwert hat ein kurzer, hart geführter Drill obendrein den Vorteil, dass die Muskulatur des Fisches im Drill nicht übersäuert und so die Qualität des Fleisches deutlich verschlechtert. Dies fängt schon bei der Dimensionierung des Angelgerätes, insbesondere der Schnurstärke an. Nur dann kann auch die Rollenbremse entsprechend eingestellt werden, um mit einer rückgratstarken Rute den Fisch zügig in den Kescher zu befördern.

EIN SCHNITT STATT EINES STICHES

Schluss mit dem einst flächendeckend in der Fischereiprüfung verordneten Herz-Gestochere! In Bayern wird der Kiemenrundschnitt bereits in der Prüfung gelehrt und akzeptiert – gut so! Nur bei dieser Methode werden die großen Blutgefäße ganz sicher durchtrennt und der Fisch blutet vollständig aus. Dies ist essentiell wichtig für den Qualitätsbonus eines geangelten Fisches gegenüber eines Netzfanges, der immer erst tot (also erstickt oder zerdrückt) versorgt und weiterverwertet wird. Natürlich muss der Fisch auch hierbei zunächst und direkt nach dem Fang mit einem kräftigen, gezielten Schlag mittels eines starken und schweren Gegenstandes auf den Kopf (Augenhöhe) betäubt werden.

AB IN DIE BOX ODER IN DEN SCHATTEN

Nach dem Töten des Fisches sollte man ihn alsbald ausnehmen, insbesondere bei Lufttemperaturen über 20 Grad. Dabei sollten immer auch die Kiemen und die Niere vollständig entfernt und der Fisch mit einem Handtuch abgetrocknet werden. Am besten hängen Sie den Fang nun an einem schattigen und luftigen Platz in einen Ast und verwenden zum Transport entweder einen Tragering oder einen Leinenbeutel – aber nie eine Plastiktüte, in der keinerlei Luftzirkulation den Fischkörper kühlen könnte und die Zersetzung des Fisches beschleunigt wird.

Vom Fisch geleitet

Sebastian Bruns

Als Sebastian im September des Jahre 1986 im niedersächsischen Celle das Licht der Welt erblickte, gab es erstmal vier „normale" Jahre für den Jungen und seine Eltern. Doch schon mit vier drehte sich das Windfähnchen mit einem wilden Ausschlag in Richtung Natur, Abenteuer, Fisch! Seitdem ist nämlich kaum ein Wochenende vergangen, an dem Sebastian nicht am See saß und auf Karpfen und Schleien geangelt hat – natürlich auch bei Sturm und Regen. Schon bald ging's mit dem angelbegeisterten Vater und dem ebenfalls angelverrückten Bruder nachts auf Aal, das ultimative Abenteuer für einen Angelspross! „Mein Vater hat mich schon früh in die Natur eingeführt und mich für das Angeln begeistert, dafür bin ich ihm sehr dankbar!", blickt Sebastian auf seine erfüllte Kindheit zurück. Als zehnjähriger Angler (ähm, Junge ...) zog er mit seiner Familie nach Rügen, was natürlich Wasser auf die Mühlen des fischereilich orientierten Knaben war. Zumal der Umzug dem hauptsächlichen Zweck diente, dass seine Eltern das Restaurant „Bismarck Stuben" im ehemaligen Fischerdorf Wiek eröffneten. Nachdem dort schon mancher Fisch gebraten und verzehrt war, fing Sebastian mit zarten 14 Lenzen seine erste Meerforelle an der Küste. Der Fisch hatte mit 78 Zentimetern gleich die Ausmaße einer Robbe und der Junge war ab sofort ein leidenschaftlicher Meerforellenangler! Große Hechte beim Angeln auf den Bodden, handfeste Dorsche in der Brandung des ersten richtigen Herbststurmes – Sebastian verlebt eine Kindheit, die durchaus den Erzählungen eines schwedischen Kinderbuch-Autors entsprungen sein könnte. Gestärkt durch so viel frische Luft und Kenntnis um das Nahrungsmittel Fisch sowie die Erfahrungen aus dem elterlichen Restaurant, ging es dann ins rauere Wasser der Berufswelt. Doch da schwamm sich der Niedersachse schon in seiner dreijährigen Ausbildung zum Koch (Ringhotel Celler Tor) tüchtig frei und schloss dort als bester Auszubildender ab. „In dieser Ausbildung habe ich alle Grundkenntnisse erhalten, auf die es in der Küche ankommt! Das Fleisch wurde noch selbst zerlegt, Saucen noch richtig angesetzt. Die Fische wurden alle frisch, im Ganzen geliefert und von uns filetiert", erinnert sich Sebastian an seine Lehrjahre. Wie es sich für einen guten seiner Zunft gehört, kochte er auch einige Monate lang an der Küste der französischen Normandie. Dann ging's in die Küchenpraxis der familieneigenen „Bismarck Stuben" in Wiek. Die enge Zusammenarbeit mit den einheimischen Fischern brachte das kulinarische Fischfeuer in Sebastian nun so richtig zum Lodern: Er bestaunte zunächst die riesigen Meerforellen, Steinbutte und Dorsche aus dem Meer und erfreute sich am Anblick gewaltiger Barsche und Hechte aus den Bodden. Dann widmete sich Sebastian liebevoll der Zubereitung dieser Kreaturen, die er so sehr liebt. Die besten Hechtklößchen Rügens waren bald das Ergebnis dieses Wirkens mit Herz und Hand. „Wir waren für unseren Hering sehr angesehen. Die beiden Hering-Rezepte in diesem Buch stammen von meinem Vater", so Sebastian ein wenig sentimental. Von 2007 bis 2009 kochte der naturliebende junge Mann als Schiffskoch für 40 Mann Besatzung auf dem Schnellboot Puma S72 während des Marine-Einsatzes der deutschen Bundeswehr (UNIFIL) im Libanon. Es sind eben auch die Kontraste, die eine Persönlichkeit ausbilden. Doch schon 2009 hatte Sebastian wieder festen Boden unter den Füßen und zugleich seinen bisher dicksten Fisch an der Angel: Als Koch im Sterne-Restaurant „Pades Restaurant" (ein Michelin-Stern) betrat er eine bisher neue Küchenwelt. Bei Wolfgang Pade, der viele Jahre bei den besten Köchen Europas lernte (Eckart Witzigmann, Alain Ducasse, Dieter Müller – um nur einige besonders bekannte Köche mit drei Michelin-Sternen zu nennen), bekam der Rohdiamant seinen Feinschliff und wurde prompt zum Küchenchef für zwei Jahre. Im Jahr 2012 kam „Deutsche See“ und damit gleich die nächste Herausforderung für den jungen Koch, der doch bereits so viel Erfahrung und Leidenschaft für seine Passion gesammelt hat! Beim Marktführer in Sachen Frischfisch & Meeresfrüchte ist Sebastian Bruns bis heute für die Seminare verantwortlich und leitet die Seminarküche in Bremerhaven. „Ich lasse mich vom Fisch beim Kochen leiten und will seinen jeweils typischen Geschmack rüberbringen! Andere Komponenten dürfen das nicht überdecken, sie sollen lediglich unterstützen“, so Sebastians Philosophie seiner Fischküche. Die hat ihn 2014 übrigens auch beim „Native Cooking Award“ in Dänemark zum Mitglied des deutschen Teams gemacht, das bei starker internationaler Konkurrenz aus dem Stand „Silber“ erkochen konnte! Auch auf großen Veranstaltung mit bis zu 600 Personen (zum Beispiel der „Sterne Cup der Köche“ in Ischgl) ist Sebastian für „Deutsche See“ unterwegs. Wie gut, dass er ein Hobby hat, das ihn zu sich selbst zurückführt und zu dem was er mit so viel Hingabe geschafft hat!

Sebastian Bruns, Leiter der Seminarküche bei „Deutsche See“, mit einem herrlichen arktischen Saibling auf Island.

Ein Angler mit klaren Zielen

—— Jörg Strehlow

Jörg Strehlow lebt mit seiner Frau Kerstin und Sohn Jurij in Hamburg. 1970 wurde er in Worms am Rhein geboren und verfiel bereits nach wenigen Jahren der Faszination, am Wasser zu sein und zu angeln. Aus Faszination wurde bald Leidenschaft. Zunächst am heimischen Rhein, wo Jörg von Opa Heinrich und Papa Ernst bereits mit vier Jahren beim Angeln auf Rotaugen, Brassen und Barsche angeleitet wurde. Die Rhein-Fische wurden bald größer und Jörg brachte bald bevorzugt Aale, Hechte, Karpfen, Schleien mit in die elterliche Küche. Und vor allem Zander, denn auf diesen Räuber hatte sich der Rheinhesse schon früh spezialisiert und war einer der ersten Zander-Experten Deutschlands. Dass dies auf sein späteres Arbeitsleben einmal großen Einfluss nehmen sollte, war Jörg in seinen Jugendjahren allerdings noch nicht bewusst.

Die Liebe zum Angeln entwickelte sich 1986 zum Beruf und Strehlow begann, über seine Erfahrungen in der Fachpresse zu berichten. Er arbeitete zehn Jahre lang bei der Angelzeitschrift „Blinker“, wurde dort zum Fachzeitschriften-Redakteur ausgebildet und gründete später eine erfolgreiche Angelschule, die er bis heute betreibt. Der Rheinhesse gilt als Impulsgeber der Guiding-Szene und erfahrenster Angel-Guide Deutschlands. Er entwickelte mit der „Faulenzermethode“ die erfolgreichste Methode zum Zanderfang und schrieb eine zweistellige Anzahl Bücher zu verschiedenen Angelthemen und zur Fischküche. Sein Bestseller „Zanderangeln“ (Kosmos-Verlag) ist 2014 bereits in der dritten Neuauflage erschienen. Heute agiert der gelernte Redakteur als hauptberuflicher Fisch-Guide auf Zander und Meerforelle und ist außerdem zertifizierter Natur- und Landschaftsführer im Biosphären-Reservat niedersächsische Elbtalaue. Während der Ausbildung in Hitzacker wurde ihm klar, dass nachhaltige Entwicklung auch in der Angelszene eine Hauptrolle spielen muss.

Zusammen mit Angelverbänden und aktiven Umweltschützern entwarf Strehlow 2016 seinen „Ehrenkodex für Angler“, der sich heute in zunehmendem Maße auf die Haltung zukunftsorientierter Angler zu Fisch und Natur und der Szene allgemein auswirkt. Durch die Mitarbeit bei der Entwicklung ungiftiger Gummi-Köder und bleifreier Gewichte sowie durch die aktive Umsetzung der Regeln des Ehrenkodexes während seiner Guiding-Touren beeinflusst er aktiv die nachhaltige Entwicklung im Angelbereich. Auch als Referent auf Messen, bei Vereinen oder Umweltschutzorganisationen stellt Jörg seine Haltung zum nachhaltigen Angeln dar. Außerdem ist er Autor für unterschiedliche Fachmagazine, gefragter Produktentwickler und Berater bei der Firma „Balzer“. Seine Leidenschaft zur Verwertung und Zubereitung von Fisch hat ihn seit der Jahrtausendwende zusätzlich zu einem der populärsten Autoren zur Fischküche in den deutschen Angelmagazinen gemacht.

Für den Kosmos-Verlag schrieb er 2014 das erfolgreiche Buch „Fische räuchern Schritt für Schritt“, dem nun mit dem vorliegenden Kochbuch für Angler ein weiteres Werk folgt. Die Liebe zum Nahrungsmittel Fisch, zum Angeln und zum nachhaltigen Einsatz für Fisch und Natur brachte Jörg 2014 mit Sebastian Bruns von „Deutsche See“ zusammen. Zunächst kochten die beiden gemeinsam einige Rezepte für die Angel-Fachpresse, dann entstand die Idee für dieses Buch. Sebastian und Jörg haben seither viele gemeinsame Stunden am Wasser und beim Kochen verbracht. Viele gemeinsame Ideen wollen noch umgesetzt und natürlich noch so mancher dicke Fisch an Land gezogen werden! Jörg Strehlow freut sich besonders über die gemeinsamen Stunden, die er zusammen mit seinem Sohn Jurij am Wasser verbringen kann. In jeder gemeinsamen Minute wird ihm dort klar, dass seine Philosophie vom Angeln genau das ist, was dem Kleinen auch später noch Freude an die-

Profi-Fischguide und Autor Jörg Strehlow mit einem kapitalen Rapfen aus der Hamburger Elbe.

sem außergewöhnlichen Hobby bieten kann. Freude daran, zu sehen, dass Angeln viel mehr ist, als einfach nur Fische zu fangen. Und daran, beim Abenteuer Angeln das Vertrauen in eigene Fähigkeiten zu stärken. Denn Jörgs Grundsatz lautet: „Nicht der Köder fängt den Fisch, sondern der Angler!“

Der Dorsch

——— ein Meister der Vielseitigkeit

WUNDERSCHÖN GEFLECKT SIND SIE.

Fest und wehrhaft fühlen sie sich an, wenn wir sie mit der Hand packen und vom Angelhaken lösen wollen! Ihr großer Kopf trägt am Unterkiefer einen Bartfaden, der für die Gattung der Dorschartigen DAS Markenzeichen ist. Dorsche haben ein besonders weißes und festes Fleisch, das sowohl gebraten als auch gedünstet jede Menge Liebhaber hat. Mit gerade einmal 105 Kalorien auf 100 Gramm und einer sagenhaften Nährwertbilanz von nur 0,9 Gramm Fett, aber 22,8 Gramm Eiweiß, ist der Dorsch ein super Beitrag zur modernen Ernährung.

Klassiker aus Dorsch sind der Stockfisch oder „Bacalhau" – so werden die gesalzenen und an der Luft getrockneten Dorschfilets in Portugal bezeichnet. Aus der Leber der Dorsche wird Lebertran hergestellt und die frittierten Zungen gelten in Island als besondere Delikatesse. Überhaupt lässt sich von dem bis zu 1,80 Meter langen Fisch alles verwerten! Das beste und teuerste Stück ist das Rückenstück (Loin), das natürlich auch in unseren Dorsch-Rezepten auf den nächsten Seiten eine Rolle spielt. Aber wir zeigen Ihnen auch die Zubereitung eines Dorschkopfes, wie er in dem Lokal „Matur og Drykkur" in Islands Hauptstadt Reykjavik als absolutes Highlight serviert wird. Mit 50 bis 80 Zentimetern hat der Dorsch (der auch als Kabeljau bei uns vermarktet wird) seine ideale Küchengröße und in den Monaten von September bis Dezember das beste Fleisch. Die Vermarktung und Verwertung von Dorsch-Rogen (der meist geräuchert angeboten wird) lehnen wir ab, denn die Befischung von Dorschen während der Laichzeit wird von Anglern grundsätzlich sehr kritisch gesehen. Glücklicherweise gelingt seit der Jahrtausendwende die künstliche Reproduktion und Aufzucht von Dorschen. Dies ist ein wertvoller Beitrag zur Erhaltung der Art und zur Ergänzung der Wildfänge, deren Fangquoten somit reduziert werden können, um wiederum mehr natürlichen Dorsch-Nachwuchs zu gewinnen!

WAS PASST ZUM DORSCH?

Pommes mit Essig und Salz, wie bei der klassischen Variante des englischen Nationalgerichtes „Fish'n Chips". Aber auch jedes Gemüse, das den zarten Dorschgeschmack erhält oder durch seine Aromen ergänzt. Frischer Fenchel, Tomate und Paprika sind Klassiker. Echte Kenner lieben Dorsch aber auch natur gebraten oder gedünstet, nur mit etwas Butter oder kalt gepresstem Olivenöl – ein paar Krümelchen „Fleur de Sel" müssen dann als etwas Luxus aber sein …

WAS BRAUCHT MAN AN WERKZEUG?

Dorsche können ganz schön groß werden, daher ist ein Filetiermesser mit langer Klinge sinnvoll. Der fettarme Dorsch lässt sich auch prima für bis zu sechs Monate einfrieren, daher ist ein Vakuumier-Gerät sicher auch sinnvoll, wenn es einmal zu einem besonders guten Fang gekommen ist.

Thinsulate

Saftiger Dorschrücken

mit Wirsing-Curry-Spätzle

Das beste Stück vom Dorsch ist für dieses herrlich duftende Essen genau richtig. Aus dem Rücken wird das begehrte Loin gelöst – ein festes und grätenfreies Filetstück, dessen schneeweiße Segmente nach dem Garen herrlich zart aufblättern. Erdig-fruchtige Rote Bete, leckere Spätzle mit feinem Wirsingkohl und würzigem Curry runden das perfekte Aroma des frischen Dorsches einzigartig ab.

Zunächst den Dorsch unter fließendem kaltem Wasser gründlich abspülen, trocken tupfen und die beiden Filets von der Mittelgräte lösen. Nun die Bauchlappen und die Schwanzfilets abschneiden und für eine andere Zubereitung aufbewahren. Die verbleibenden Rückenstücke in 150 bis 200 Gramm schwere Medaillons (Loins) teilen.

Rote Bete schälen und in die Form von Pommes-frites schneiden. Anschließend in Butter anbraten und mit Salz und Pfeffer abschmecken. Gleich mit der Brühe aufgießen und bei mittlerer Hitze langsam weich köcheln. Den roten Sud benötigen wir später noch!

Olivenöl in einer Pfanne erhitzen, währenddessen den Dorsch jetzt nur auf der Hautseite mehlieren, um hier eine schönere Bräunung zu erreichen. Mit der Hautseite nach unten in die Pfanne geben und braten. Die Filetstücke zunächst eine Minute lang scharf anbraten, danach die Temperatur etwas reduzieren. Butter erhitzen und die Filets regelmäßig mit einem Esslöffel mit der heißen Bratbutter übergießen (siehe Foto s. 18). Dazu die Pfanne leicht neigen, damit das Bratfett in einer Ecke der Pfanne zusammenlaufen kann. Je nach Stärke der Filets, ist der perfekte Garpunkt nach etwa fünf Minuten erreicht. Abschließend das Filet nochmals wenden für etwa 60 Sekunden auf der Fleischseite anbraten. Es sollte kein Eiweiß austreten, das im Bratfett gerinnt. Der Dorsch ist nun saftig gebraten und lässt sich mit der Gabel leicht in die herrlichen, schneeweißen Blätter zerteilen.

Die Gemüsezwiebeln schälen und in dünne Stifte schneiden. Den Wirsing von den äußeren Blättern befreien und den Strunk entfernen. Den Rest in feine Streifen schneiden. Von der Peperoni zwei bis drei dünne Ringe abschneiden.

Zutaten (für 4 Personen):

Zeitaufwand: 40 Minuten

Fisch:
- 800 g Dorschfilet mit Haut, am besten aus dem Rücken
- 1 EL Weizenmehl zum Mehlieren der Dorschhaut
- 2 EL Olivenöl
- 20 g Butter

Spätzle:
- 2 kleine Gemüsezwiebeln
- 1 mittelgroßer Wirsingkohl
- 1 Rote Peperoni
- 1 EL Curry-Pulver
- 500 g frische Spätzle

Pommes:
- 2 Rote Bete
- 30 g Butter
- 100 ml Joghurt

Allgemein:
- 500 ml Gemüsebrühe
- Grobes Meersalz zum Bestreuen des Filets nach dem Braten, nach Geschmack
- Grober Pfeffer, frisch im Mörser gestoßen, nach Geschmack
- Blätter von Staudensellerie zur Dekoration

Wein

Dazu schmeckt ein gekühlter Rosé-Wein besonders gut, zum Beispiel ein Portugieser Weißherbst.

Alternative Fischarten:

Hecht, Wels, Steinbeißer, Seeteufel

Die Zwiebelstifte und Wirsingstreifen in einer Pfanne mit Butter glasig dünsten, bald die Peperoni-Rringe als Nächstes zugeben. Das Currypulver einstreuen und leicht mitschwitzen. Die Spätzle in die Pfanne geben und ein wenig Brühe angießen – abschließend alles mit Salz und Pfeffer würzen.

Die Gemüse-Spätzle und unsere Rote Bete-Pommes auf einem Teller anrichten, die Dorschloins mit der Hautseite nach oben auf das Spätzle-Bett legen und nach Belieben mit einigen Meersalz-Krümeln bestreuen.

Den Joghurt mit Salz und Pfeffer abschmecken. Jetzt den leicht abgekühlten Sud aus der Rote Bete-Pfanne in den Joghurt träufeln und zart ineinanderrühren. Zwei Löffel davon dekorativ auf dem Teller anrichten und alles mit ein paar Blättchen vom Staudensellerie ausgarnieren.

TIPPS fürs Entschuppen

In unserem Rezept wurde der Dorsch vor dem Braten nicht entschuppt – dies ist aufgrund der winzigen Schuppen auch nicht üblich. Zusätzlich sorgen die kleinen Mosaikschuppen für eine besonders krosse Haut. Allerdings können Sie die Schuppen auch leicht entfernen, wenn Sie sich daran stören. Dazu verwendet man am besten einen Stahlschwamm, wie man ihn zum Topfreinigen verwendet, selbstverständlich ohne Seife. Damit lassen sich am ganzen Fisch (am besten noch nicht ausgenommen und mit Kopf, für einen festeren Griff) mit leichtem Druck vom Schwanz zum Kopf die Schuppen perfekt abschaben. Am besten klappt das unter leicht fließendem kaltem Wasser.

Die Dorschfilets werden in der Pfanne immer wieder mit der Bratbutter übergossen - am besten mit einem Suppenlöffel.

Zarter Dorsch

—— mit Knusperkruste in Fenchelsud

Für Liebhaber eines butterzarten, gedünsteten Fischfilets ist dieses Rezept ein kulinarisches Fest! Wunderbar aromatischer Dorsch zieht auf den Punkt in einem würzigen Sud mit Fenchel und Pernod gar. Zum krönenden Abschluss bekommt er eine knusprige Haube mit der Saat von Senf, Fenchel und Pfeffer. Sud, Fisch und Kruste – unterschiedlichste Konsistenzen in perfekter Geschmacks-Harmonie!

Die beiden Paprikaschoten waschen, entkernen und in mundgerechte Stücke schneiden. Den Fenchel von den äußeren Blättern befreien, den Strunk wegschneiden und das Fenchelgrün abzupfen. Anschließend die Knolle in feine Spalten schneiden. Die Schalotten schälen und längs halbieren. Die Tomaten mit einem sehr scharfen Messer würfeln und von einer Peperoni sechs feine Ringe herunterschneiden.

Das Olivenöl in einer hohen Sudpfanne auf mittlerer Stufe erhitzen und das Gemüse darin leicht anbraten. Knoblauchzehen häuten, in feine Scheiben schneiden und zusammen mit den Lorbeerblättern, Thymian, Rosmarin und Safran zum Gemüse geben. Mit Salz und Pfeffer abschmecken und mit Pernod ablöschen. Weißwein und Fischfond auffüllen, anschließend alles sanft köcheln lassen, bis das Gemüse gar, aber noch bissfest ist. Diese wunderbare Konsistenz ist nach acht bis zehn Minuten erreicht.

Das Filet in vier möglichst gleich große Portionen teilen, die aufgrund des gleichen Garpunktes auch gleich dick sein sollten. Wir gehen bei unserem Dorsch im Sud zweigleisig vor und lassen die rohen Fisch-Stücke zunächst in dem würzigen Fenchelsud ziehen – da darf aber bereits nichts mehr kochen (siehe Foto S. 21)! Diese Stücke vom Dorsch etwa drei Minuten lang im Sud pochieren und anschließend die Pfanne mit Sud, Gemüse und Fisch bei 120 Grad für zehn Minuten in den vorgeheizten Backofen geben. Es schließen sich jetzt die äußeren Fleischporen des Filets und halten den zarten Saft im Inneren fest. Der eigentliche Garprozess findet nun im Backofen statt, in dem wir einfach die Pfanne mit Sud und Fisch für zehn weitere Minuten platzieren. Bei 120 Grad kann nichts schiefgehen, nichts verkocht und der Dorsch ist perfekt gegart! Den Backofen bitte vorheizen!

Zutaten (für 4 Personen):

Zeitaufwand: 45 Minuten

Fisch:
- 800 g Dorschfilet ohne Haut, am besten aus dem Rücken

Sud:
- 2 Paprikaschoten, rot und gelb
- 1 Fenchelknolle
- 8 Schalotten
- 2 Ochsenherzen-Tomaten
  6 Peperoni-Ringe
- 2 EL Olivenöl
- 2 Knoblauchzehen
- 2 Lorbeerblätter
- 1 Zweig Thymian
- 1 Zweig Rosmarin
- Eine Msp. Safran
  200 ml Pernod
- 200 ml Weißwein
- 200 ml Fischfond

Kruste:
- 4 g Fenchelsaat
- 4 g Senfsaat
- 4 g Pfefferkörner
- 100 g Butter
- 80 g Panko-Mehl

Allgemein:
- Grobes Meersalz, nach Geschmack
- Grober Pfeffer aus dem Mörser, nach Geschmack

Wein:
Hierzu passt perfekt ein leichter Weißwein, wie zum Beispiel ein halbtrockener Riesling.

Alternative Fischarten:
Zander, Barsch, Wels, Lengfisch, Wittling, Pollack

Für die Kruste Fenchelsaat, Senfsaat und die ganzen Pfefferkörner in einer Pfanne ohne Öl vorsichtig anrösten. Die gerösteten Gewürze in den Mörser geben und gründlich zerstoßen. Die Butter in einer Pfanne zerlassen, anschließend das Panko-Mehl hinzufügen und unter gelegentlichem Rühren goldgelb rösten. Die gerösteten Gewürze zu den Bröseln in die Pfanne geben und mit einer Prise Salz würzen. Anschließend die Kruste auf ein Küchentuch verteilen, damit das überschüssige Fett aufgenommen werden kann.

Zunächst das Gemüse aus dem Sud in tiefen Tellern anrichten, erst anschließend den Sud hinzugeben. Das Fischfilet in die Mitte des Tellers geben, sparsam mit Fenchelgrün garnieren und die Kruste aus der Pfanne über das Dorschfilet geben.

TIPP

Für die knusprige Haube auf unserem Gericht empfehlen wir Ihnen „Panko". Hierbei handelt es sich um die Königin unter den Paniermehl-Sorten! Panko wird aus Weißbrot gewonnen, das sorgfältig von der Rinde befreit wurde und im Ofen langsam bei 80 Grad getrocknet (etwa 90 Minuten lang). Das trockene Brot wird grob über eine Reibe gezogen und sollte kleine Krümel bilden. Panko-Krumen sind perfekt, um ein besonders knuspriges Ergebnis mit absolut gleichmäßigem Bräunungsgrad zu erhalten. Wem die Herstellung zu Hause zu aufwändig ist, der kauft Panko im Asia-Laden oder im gut sortierten Supermarkt.

Der Dorsch wird im herzhaften Sud pochiert und anschließend darin im Backofen gegart.

Dorsch

—— in Kräuterpanade mit Kartoffelsalat „à la Bruns“

Hier ist es ausnahmsweise einmal die Exklusivität der Beilagen, die dem delikaten Dorsch die Show stiehlt – allerdings, wie es sich für echte Stars gehört, ohne ihn zu übertönen. Vielmehr leuchten der Glanz des sensationellen Kartoffelsalates und der unvergleichlichen Kräuterpanade den Fisch auf der Bühne gekonnt aus. Backfisch mit Kartoffelsalat in seiner edelsten Variation!

Am Anfang widmen wir uns dem Kartoffelsalat: Die Kartoffeln in Salzwasser 25 Minuten lang weich kochen. In der Zwischenzeit die Zwiebeln pellen und in kleine Würfel schneiden, in etwas Brühe weich kochen und anschließend in einem Sieb abtropfen lassen. Den fetten Bauchspeck in Scheiben schneiden und im Öl knusprig ausbacken. Im Anschluss auf ein feines Sieb geben und das Bratfett unbedingt aufbewahren. Die Kartoffeln abgießen, ausdämpfen lassen, pellen und in dünne Scheiben schneiden. Die weich gekochten Zwiebeln kommen jetzt in einen Mixer und werden fein püriert. Das Specköl nach und nach in das Zwiebelpüree mixen. Drei weich gekochte Kartoffeln und die Crème fraîche kommen ebenfalls in die Masse und werden untergemixt. Abgeschmeckt wird das Ganze mit Senf, Balsamico, Salz, Pfeffer und Muskat. Je nach Konsistenz bitte noch etwas mit der Brühe verlängern, damit das Dressing schön samtig wird. Das Dressing kommt jetzt noch warm über die Kartoffelscheiben. Alles vorsichtig vermengen und durchziehen lassen, bis der Dorsch fertig zum Anrichten ist.

Die gemischten Kräuter grob mit dem Gemüsemesser zerhacken und das entrindete Kastenweißbrot grob würfeln. Brotwürfel, Panko und Kräuter sorgfältig zu einer fein bröseligen Panade verarbeiten – am besten geht das in einem großen Standmixer (siehe Foto S. 25) oder einer Küchenmaschine mit Mix-Aufsatz.

Jetzt bereiten wir die „Panierstraße“ für unsere Dorschfilets: Ein Teller mit Weizenmehl, ein Teller mit den verquirlten Eiern und ein Teller mit der frischen Kräuterpanade werden in dieser Reihenfol-

Zutaten (für 4 Personen):

Zeitaufwand: 55 Minuten

Fisch:
- 4-mal 200 g frisches Dorschfilet, ohne Haut und möglichst gleich dick
- Raps- oder Sonnenblumen-Öl zum Braten
- 1 Msp. Butter
- Bestes Meersalz, nach Geschmack

Kräuterpanade:
- 3 ganze Eier, mittelgroß
- ½ Bund Petersilie
- ½ Bund Kerbel
- ½ Bund Dill
- ½ Bund Estragon
- ½ Bund Bärlauch, falls frisch verfügbar
- ½ Bund Waldmeister, falls frisch verfügbar
- 200 g frisches Kastenweißbrot, ohne Rinde
- 200 g feines Weizenmehl

Kartoffelsalat:
- 1 kg Kartoffeln, festkochend (zum Beispiel Cilena)
- 6 große Gemüsezwiebeln
- 3 l Fleischbrühe
- 250 g Speck
- 1 l Sonnenblumen-Öl
- 4 EL Crème fraîche
- 3 EL mittelscharfer Senf
- Weißer Balsamico, nach Geschmack
- Meersalz, nach Geschmack
- Weißer Pfeffer, nach Geschmack
- Muskatnuss, nach Geschmack
- 1 Bund Radieschen
- 1 Radicchio

Getränke-Empfehlung:
Ein schönes Kölsch oder wahlweise ein Glas Müller-Thurgau, beides eiskalt – so schmeckt's am besten!

Alternative Fischarten:
Zander, Barsch, Seelachs, Wittling, Wolfsbarsch

ge nebeneinander bereitgestellt. Nun werden die Filets erst durchs Mehl und dann durch das Ei gezogen. Abschließend legen wir die Dorschstücke in die Kräuterpanade – bitte nicht zu fest drücken, damit die Hülle in der Pfanne schön locker bleibt und herrlich bräunen kann!

Das Öl in der Pfanne erhitzen und die panierten Filets hineingeben. Kurz vor dem Ende der Garzeit geben wir eine Messerspitze Butter hinzu. Nach dem Braten nehmen wir die Filets aus der Pfanne und lassen sie kurz auf Küchenpapier abtropfen.

Den lauwarmen Kartoffelsalat in der Tellermitte anrichten und mit Radieschen, Radicchio und den krossen Speck-Scheibchen garnieren. Das Dorschfilet mit der knusprigen Kräuterpanade daraufsetzen und mit ein paar Flocken geschöpftem Meersalz („Fleur de Sel") würzen.

TIPP

In einer klassischen Panade kann der Dorsch unmittelbar nach dem Fang in der Pfanne gebraten werden. Dabei gart er schonend im eigenen Saft, ohne dass er dabei allzu leicht zerfällt. So ist auch dieses Rezept für Angler geeignet, die gleich am Abend des Angeltages ihre Leckerbissen verspeisen möchten. Das Geheimnis liegt im Halt, den die Eihülle dem zarten Fleisch bietet, gleich nachdem das Ei im heißen Fett gerinnt. Apropos „heiß": Wir verwenden frische Kräuter für dieses Rezept – daher bitte mit der Hitze nicht übertreiben! Bei mittlerer Brattemperatur gart der Dorsch in vier bis fünf Minuten pro Seite saftig durch, ohne dass die Kräuter verbrennen. Ach ja – verbrennen" würde auch die Butter, wenn man sie direkt in die Pfanne gäbe. Deshalb braten wir mit Pflanzenöl, das einen höheren Siedepunkt hat. Die Butter kommt erst in den letzten drei Minuten für den guten Geschmack in die Pfanne.

Wer seinen Fisch grundsätzlich mit Zitrone liebt, dem sei an dieser Stelle ein genialer Kniff verraten! Frieren Sie die Zitrone einen Tag lang ein und reiben Sie die zu Eis gefrorene Zitrusfrucht erst unmittelbar vor dem Servieren des Gerichtes über den gebratenen Dorsch auf den Teller. Eine grobe Küchenreibe ist hierfür das ideale Werkzeug. Die Zitrone sollte vor dem Einfrieren gründlich gewaschen werden und ungespritzt sein, da die Schale mitgerieben wird (siehe Foto). Nach Sekunden verbreitet sich ein herrlicher Zitrus-Duft, der dieses edle Gericht mit einer feinen Säurenote umgibt.

deutschesee
Fischmanufaktur

Dorschkopf

à la Auðunsson

Nach einem langen Angeltag kehrt unser Koch Sebastian Bruns im Lokal „Matur og Drykkur" des isländischen Spitzenkochs Gísli Matthías Auðunsson in Reykjavik ein. Trotz herrlicher Stunden in Islands atemberaubender Natur – erst jetzt kam es zum Höhepunkt dieses Tages. Obwohl (oder gerade weil) es ein Dorschkopf war, der auf dem Teller lag! Hier die Interpretation dieses außergewöhnlichen Gerichtes von Sebastian Bruns.

Den Dorsch ausnehmen, gründlich waschen und den Kopf so von der Mittelgräte abtrennen, dass noch ein gutes Stück vom Nackenfleisch daran bleibt.

Jetzt setzen wir die Marinade an, die einen einfachen Dorschkopf zum grandiosen Erlebnis für den Gaumen macht: Teriyaki- und Soja-Sauce in eine Schüssel geben. Sesamöl, Honig, Rohrzucker dazugeben. Zitronengras von den äußeren Häuten befreien und nur das weichere Herz davon fein hacken. Chilischote halbieren, entkernen und ebenfalls fein hacken, Knoblauch und Ingwer ebenso. Pfefferkörner im Mörser schroten. Alles zusammen mit dem Abrieb einer Limette zur Sauce geben und verrühren. Fertigen Fischfond aufsetzen und aufkochen lassen. Währenddessen den Dorschkopf vorbereiten: Die Augen des Dorschs entfernen (das geht am besten durch leichten Druck von der Innenseite des Oberkopfes und mit einem kleinen scharfen Messer) und den Kopf mit einem scharfen Messer vollständig parieren (also von der Haut befreien) (siehe Bild 1, Seite 29).

Zutaten (für 4 Personen):

Zeitaufwand: 55 Minuten

Fisch:
- 1 großer Dorsch, 5 kg oder mehr
- 1 l Fischfond

Marinade:
- 100 ml Teriyaki-Sauce
- 50 ml Soja-Sauce
- 2 EL Sesamöl
- 1 EL Honig
- 15 g Rohrzucker
- 1 Stange Zitronengras
- 1 Chilischote
- 2 frische Knoblauchzehen
- 10 g Ingwer
- 10 g schwarze Pfefferkörner
- 1 g Körner vom Szechuan-Pfeffer
- 1 Limette

Gemüse:
- 2 Karotten
- 3 Stangen Frühlingszwiebeln

Allgemein:
- Grobes Meersalz, nach Geschmack

Wein:
Deftig gebacken und von unvergleichlicher Würze und Exklusivität! Solch ein Fischgericht verdient einen guten Wein – zum Beispiel ein Glas frischen Rosé.

Alternative Fischarten:
Fleischige Köpfe bieten auch Lengfisch und Lumb aus dem Meer und Waller oder Karpfen aus dem Süßwasser – vielleicht auch mal einen Versuch wert?

Dorschkopf unter kaltem Wasser abspülen und in einer Schale zur Seite legen. Den sprudelnd kochenden Fischfond nach und nach über das Kopf-Fleisch gießen (siehe Bild 2, Seite 29).

Jetzt den Dorschkopf aus dem Fischfond nehmen, in eine feuerfeste Form geben und mit der Sauce großzügig bepinseln und für etwa 15 Minuten marinieren (siehe Bild 3, Seite 29).

Bei 190 Grad für gute zehn Minuten (je nach Größe auch länger oder etwas kürzer) in den Ofen geben. Zwischendurch drei- bis viermal mit der Marinade-Sauce bestreichen – jedes Mal, sobald die zuvor aufgetragene Marinade am Dorschkopf karamellisiert ist.

In der Zwischenzeit die Karotten in feine Streifen und die Frühlingszwiebeln in feine Ringe schneiden. Nach Ablauf der Garzeit den Dorschkopf aus dem Ofen nehmen – perfekt ist es, wenn sich das Fleisch schon ein wenig von der Karkasse löst. Karotten und Frühlingszwiebeln in die heiße Marinade aus der Backform geben und den Fischkopf ein letztes Mal damit marinieren. Nochmals für eine Minute in den heißen Ofen geben.

Ein Hauch von Island! Der Dorschkopf wird während des Garens immer wieder mit der Marinade bepinselt.

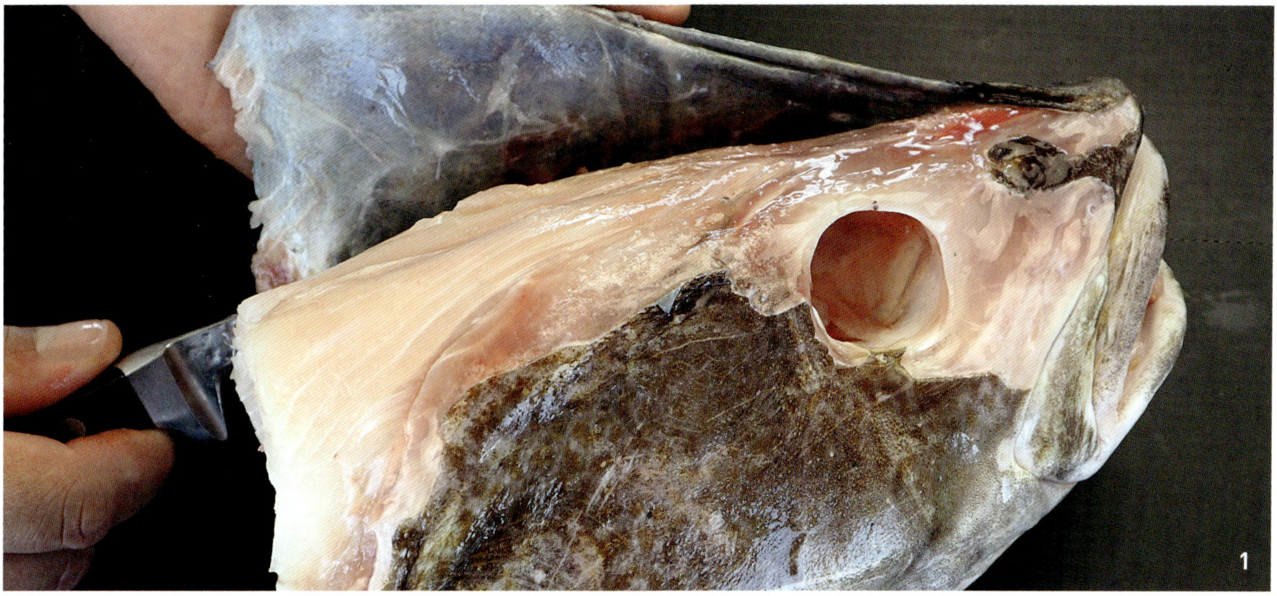
1

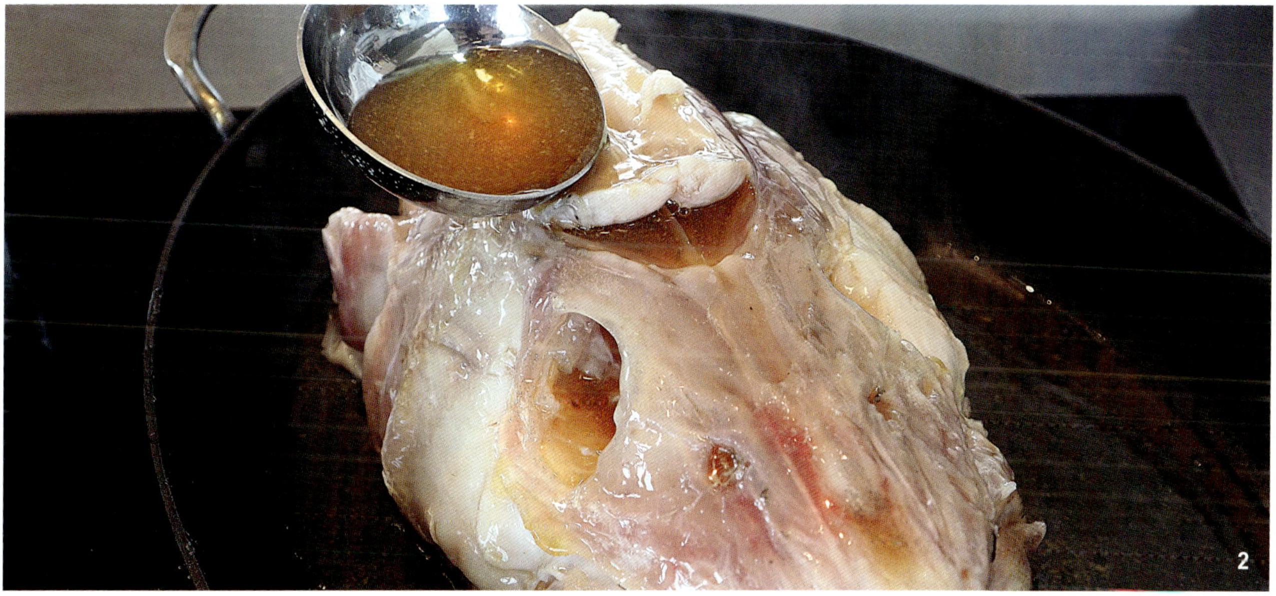
2

3

Der Karpfen

ein Fisch mit Tradition

Für einen Angler ist der Karpfen immer eine tolle Beute, denn er wird über einen Meter lang und mehr als 25 Kilogramm schwer. Obendrein weiß er seine Masse an der Angel hervorragend einzusetzen und liefert uns einen harten Kampf, bis er endlich im Kescher zappelt. Für die Küche spielen diese kapitalen Fische jedoch keine so wertvolle Rolle, nimmt man einmal den „Karpfenschinken“ aus. Dafür werden große Karpfen filetiert, gepökelt und anschließend lange Zeit im kalten Rauch konserviert – eben wie ein richtiger Schinken. Für die meisten Zubereitungsarten, auch für unsere Variationen in diesem Buch, ist der ideale Karpfen allerdings nur etwa zwei Kilo schwer. Vor allem aber sollte er unbedingt aus einem sauberen, nicht allzu schlammigen Gewässer kommen. Karpfen aus Fließgewässern mit kiesigem Grund (zum Beispiel aus dem Rhein) schmecken wesentlich besser als welche, die in einem verschlammten und überdüngten Tümpel ihr Dasein fristen mussten. Karpfen aus der Aquakultur haben hierzulande oft einen sehr hohen Qualitätsstandart und kommen meist aus einer Hälterung mit klarem Wasser. Ihre beste Qualität haben die Fische im Winter-Halbjahr, wenn sie nach der sommerlichen Laichzeit wieder viel Substanz aufgebaut und reichlich Fett im Muskelgewebe eingelagert haben – zum Beispiel beim traditionellen „Silvester-Karpfen“. Überhaupt hat der Karpfen mit etwa 160 Kalorien auf 100 Gramm Gesamtgewicht und einem Fettgehalt von sieben bis acht Prozent sowie beachtlichen 23 Prozent Eiweißgehalt für einen Speisefisch sehr gehaltvolle Werte. Kurz vor, während und unmittelbar nach der Laichperiode sind Karpfen aus natürlichen Gewässern, wie alle anderen Laichfische auch, eher zweitklassige Speisefische und sollten deshalb im Juni/Juli nicht für die Küche geangelt werden. Dann befindet sich die Substanz der Karpfen-Weibchen (Rogner) in deren Rogen oder in der Milch der männlichen Fische (Milchner) und das Fleisch ist weich. Ursprünglich kommt der Karpfen aus Asien und sieht in seiner

Wildform lang gestreckt und stark beschuppt aus. Durch die Zucht wurde dem Fisch mehr Fleisch auf den Rucken und weniger Schuppen auf die Haut „gezaubert“ und es entstanden Spiegelkarpfen (mit nur sehr wenigen Schuppen), hochrückige Schuppenkarpfen (vollständig beschuppt), Zeilkarpfen (mit einer Schuppenzeile längs der Seitenlinie) und Lederkarpfen (mit einer komplett schuppenfreien, lederigen Haut).

WAS PASST ZUM KARPFEN:

Die traditionelle Küche kennt vor allem den „Karpfen blau“, den wir Ihnen auch in diesem Buch in einer klassischen Version zeigen. Dazu wird immer eine weiße Soße und Gemüse gereicht. Bei vielen Essern beliebter sind jedoch kleinere Portionsstücke, die knusprig ausgebacken werden und sehr gut mit einer selbst gemachten, kalten Sauce wie zum Beispiel Remoulade harmonieren. Heiß geräucherten Karpfen serviert man gerne mit Meerrettich und kräftigem Butterbrot. Aufgrund des fetten und aromatischen Fleisches können zu allen Variationen des Karpfens auch kräftige Beilagen wie Bratkartoffeln oder Röstgemüse oder Meerrettich-Saucen gereicht werden.

WAS BRAUCHT MAN AN WERKZEUG:

Karpfen haben eine starke Mittelgräte und dicke Bauchgräten. Die durchtrennt man am einfachsten mit einem sehr starken und scharfen Messerklinge oder einer Brotmesser mit geriffelter Klinge. Auch ein Grätenschneider ist zu empfehlen, um die zahlreichen kleinen Gräten im Rücken- und Schwanzbereich wirkungsvoll zu zerkleinern. Eine robuste Schere oder Geflügelschere ist erforderlich, um die harten Flossenstrahlen zu durchtrennen. Grundsätzlich ist Karpfenfleisch sehr fest und daher recht einfach in der Pfanne oder im Kochtopf zu verarbeiten.

Saftiger Karpfen

in knuspriger Bierhülle mit Blumenkohl

Karpfen kann so lecker schmecken! Dabei ist die Zubereitung in einer knackigen Bierhülle mit selbstgemachter Remoulade so einfach, dass man dieses knusprig-saftige Geschmacks-Vergnügen öfter mal genießen kann. Nur das Filetieren des Karpfens, das braucht etwas Zeit und Liebe.

Den Karpfen filetieren, enthäuten, die Gräten mit dem Messer und der Pinzette gründlich entfernen und in 60 bis 80 Gramm schwere Filetstücke teilen.

Das ohnehin schon kalte Bier über das zerstoßene Eis gießen, um es eiskalt zu bekommen. Das Bier direkt von den Eiswürfeln (eventuell über ein Sieb) ins Tempura-Mehl abgießen und beides kräftig mit dem Schneebesen zu einem geschmeidigen, nicht zu dicken Teig verrühren. Das Rapsöl jetzt in einem Topf schon einmal heiß werden lassen, denn das dauert ein bisschen.

Am Blumenkohl Blätter und Strunk entfernen, den Kohl gründlich putzen und in kleine Röschen schneiden. In einem Topf mit Salzwasser etwa 15 Minuten lang gar kochen.

Die Zwiebel schälen und ebenso wie die Kapern und die sauren Gurken würfeln. Frühlingszwiebeln in Ringe schneiden und die Mayonnaise glatt rühren. Wenn der Blumenkohl gar ist, in Eiswasser herunterkühlen und anschließend grob hacken. Kurz vorm Servieren alle Zutaten miteinander verrühren und mit Salz und Pfeffer abschmecken.

Der Karpfen muss heiß, direkt aus dem Topf serviert werden – deshalb die Karpfenfilets erst im letzten Schritt durch den Tempura-Teig ziehen und im heißen Fett (170 Grad) für fünf bis sechs Minuten goldgelb und knusprig ausbacken. Kurz über Küchenkrepp abtropfen lassen und zusammen mit der frischen Remoulade anrichten. Salzgürkchen und Kapernäpfel sind als Garnitur besonders hübsch anzuschauen und passen sehr gut zur Remoulade. Fisch mit Zitrone beträufeln.

Was ist eigentlich „Pale Ale"?
Es handelt sich um ein obergäriges Bier (ähnlich wie ein Kölsch), bei dem heller Malz verwendet wird. Hierbei muss nicht unbedingt Gerstenmalz verwendet werden, erlaubt sind auch andere Getreide. Die Sorte kommt ursprünglich aus Großbritannien, ist aber inzwischen vor allem in den USA sehr beliebt.

Zutaten (für 4 Personen):

Zeitaufwand: 45 Minuten

Fisch:
- 1 ganzer Karpfen, ausgenommen
- 1 Flasche Bier mit 0,33 l (am besten „Pale Ale")
- 200 g Eiswürfel
- 100 g Tempura-Mehl
- 1 Zitrone
- 1 l Rapsöl zum Frittieren

Remoulade:
- Salz, Pfeffer
- 1 Zwiebel
- 100 g eingelegte Kapern
- 100 g saure Gurken
- 3 Frühlingszwiebeln
- 50 g Mayonnaise
- 1 kleiner Blumenkohl

Getränke-Empfehlung
Da wir das „Pale Ale" ja bereits für den Bierteig verwendet haben, kaufen Sie am besten gleich ein paar Flaschen mehr von dem köstlich frischen Bier – es passt hervorragend zu diesem Essen!

Alternative Fischarten:
Große Brassen, Rapfen, Barben oder Döbel

Karpfen blau

mit Kohlrabi im Wachholder-Rahm

Eines der bekanntesten Fischgerichte überhaupt, bei dem der Karpfen eine appetitlich blau schimmernde Haut bekommt. Die klassischen Petersilien-Kartoffeln bekommen Gesellschaft durch frischen Kohlrabi. Eine feine Rahmsoße mit allerlei aromatischen Gartenkräutern und reichlich Wachholder geben allem seine besondere Note.

Die Wachholderbeeren im Mörser andrücken und zusammen mit der Sahne aufkochen. Zum Garnieren noch ein paar Beeren aufbewahren. Nach dem Kochen Sahne vom Herd nehmen und ruhen lassen.

Kartoffeln schälen und in Salzwasser kochen.

Währenddessen den Kohlrabi in dicke Stifte schneiden. Die Sahne durch ein feines Sieb passieren, Kohlrabi-Stifte hinzugeben und je nach Größe der Stifte für etwa zehn Minuten leicht köcheln lassen.

Die Karotten längs halbieren, Schalotten halbieren und mit Liebstöckel in Olivenöl leicht anschwitzen. Pfeffer, Knoblauch, Dill und Lorbeerblätter dazugeben. Mit Weißwein ablöschen und mit einem Liter Wasser auffüllen. Meersalz hinzufügen.

Mit einer Fischschere Kiemen und Flossen entfernen. Karpfen in drei Teile schneiden und in den Gemüsesud geben. Heiße Essigessenz über den Karpfen laufen lassen, bis es zu einer deutlichen Blaufärbung der äußeren Hautschicht kommt.
Am besten klappt dieser Prozess, wenn die äußere Schleimschicht des Fisches bestmöglich intakt ist. Den Fisch für etwa 15 Minuten mit geschlossenem Deckel im Sud köcheln lassen.

Kartöffelchen mit Butter in einer kleinen Pfanne schwenken. Glatte Petersilie fein hacken und zum Schluss dazugeben.

Kohlrabi aus dem Rahm nehmen und mit dem Karpfen und Petersilien-Kartoffeln anrichten. Sahnerahm pürieren und über das Gemüse geben. Mit den restlichen Wachholderbeeren garnieren.

Zutaten (für 4 Personen):

Zeitaufwand: 60 Minuten

Fisch:
- 1 ganzer Karpfen, ca. 1,5 kg

Rahmsoße und Gemüse:
- 1 EL Wachholderbeeren
- 1 l Sahne
- 2 Kohlrabi
- 2 Karotten
- 6 Schalotten
- 1 Stängel Liebstöckel
- 50 ml hochwertiges Olivenöl
- 1 EL Pfefferkörner
- 3 Knoblauchzehen
- 2 Zweige Dill
- 4 Lorbeerblätter
- ½ l trockener Weißwein
- Meersalz
- 80 ml Essigessenz

Petersilien-Kartoffeln:
- 350 g kleine Kartoffeln
- 20 g Butter
- 1 Bund glatte Petersilie

Wein:
Für dieses Gericht könnte Bacchus, der Gott des Weines, einen trockenen Riesling erfunden haben!

Alternative Fischarten:
Es lassen sich auch Schleien und Waller auf diese Art blau färben. Auch die Zutaten dieses Gerichtes passen sehr gut zu den beiden.

Die Scholle

leichtes Vergnügen mit Charakter

Die Scholle führt als Speisefisch ein interessantes Doppelleben: Während sie in vielen Küstenregionen als „Goldbutt“ bezeichnet wird, wertet man anderenorts die wesentlich häufigere Flunder oder Kliesche wohlwollend mit dem Sammelbegriff „Scholle“ erheblich auf. Und wieder woanders ist alles, was platt ist, ein „Butt“. Das wäre, mal abgesehen von der veritablen Verwirrung, ja alles noch ein ganz lustiges Wort-Scharmützel. Wenn aber im Restaurant, anstelle einer teuren Scholle eine billigere Flunder dargeboten wird, dann hört der Spaß auf! Als Filet auf dem Teller ist der Unterschied zwischen den drei recht ähnlichen Fischen gar nicht so einfach auszumachen. Grundsätzlich ist die Scholle aber deutlich runder und auch etwas dicker im Filet, während Flundern etwas kantiger und dünner im Fleisch sind. Bei ganzen Fischen ist immer die raue Seitenlinie der Flunder auf der dunklen Rückenseite das entlarvende Merkmal! Klieschen sind sogar komplett rau auf dem Rücken, wenn man mit dem Finger vom Schwanz her in Richtung Kopf streicht. Schollen sind allerdings immer oben so glatt wie unten. Auch sind die roten Punkte auf der Rückenseite der Scholle oft intensiver leuchtend und häufiger als bei der Flunder. Geschmacklich haben Flundern und Klieschen einen stärkeren Plattfischgeschmack und auch ein etwas gröberes Fleisch als die zartere, zurückhaltendere Scholle. Welchen Plattfisch man nun als Angler am Haken hat ist eher Nebensache – in der Verwertung, Zubereitung und auch von ihrer Nährwertzusammensetzung sind sich alle nämlich sehr ähnlich.
100 Gramm fangfrische Scholle beispielsweise hat einen Kaloriengehalt von nur 86, einen minimalen Fettanteil von 1,9 Gramm (fast komplett unter der Haut) und einen Eiweißgehalt von 17,1 Gramm. Schollen kommen sowohl als Wildfang als auch aus dem Aquafarming in unsere Fischgeschäfte. Schollen können weit älter als 30 Jahre und dabei fast einen Meter groß und 20 Pfund schwer werden. Die beste Küchengröße liegt bei 35 bis 50 Zentimetern.
Übrigens: Die legendäre „Maischolle“ lassen Sie besser mal links liegen, wenn die Ihnen als Angler an den Haken geht – das Fleisch dieser Fische ist unmittelbar nach der Laichzeit nämlich dünn, labberig und wenig schmackhaft …

WAS PASST ZUR SCHOLLE?

Schollen, Flundern, Klieschen und auch der Steinbutt sind Fische mit sehr zartem Fleisch, dessen Struktur es zu erhalten und dessen eigenes Aroma es zu unterstützen gilt. Daher sind Petersilien-Kartoffeln, und leichte Gemüsesorten wie Spargel perfekte Begleiter zum „Butt“. Allerdings sollte man immer ein leichtes Sößchen bereithalten, falls das magere Filet der Scholle zubereitet wird. Die berühmte „Finkenwerder Scholle“ wird in ausgelassenem Speck serviert und mit den Speckwürfeln garniert - aufgrund des natürlichen Fettgehaltes der Plattfisch-Haut, eine sehr üppige Mahlzeit.

WAS BRAUCHT MAN AN WERKZEUG?

Kleinere Schollen und alle ihre kleineren Verwandten aus der Plattfisch-Familie lassen sich hervorragend am Stück zubereiten. Um sie auf „Pfannengröße“ zu bekommen, empfiehlt sich eine starke Schere (zum Beispiel Geflügel-Schere), um den Flossensaum ein wenig zu stutzen. Ein kleines Filetiermesser mit geschmeidiger, dünner Klinge ist perfekt zum Filetieren größerer Fische geeignet.

Ganze Scholle

mit Kartoffelstampf und gebratenem Römersalat

Ganze Fische, in all ihrer natürlichen Schönheit, sind auf dem Tisch immer ein besonderes Fest. In diesem Fall strahlt uns eine Prachtscholle an, die durch ihre herrliche Bräunung beim Backen sogar noch hübscher geworden ist, als Gott sie schuf. Zusammen mit dem angebratenen Römersalat schickt uns der leckere Fisch auf eine himmlische Reise ...

Für die Vinaigrette die Paprika gründlich waschen, von dem Gehäuse befreien, achteln und im Entsafter den Saft ziehen. Den Saft in ein hohes Behältnis füllen, Senf, Balsamico-Essig und Olivenöl unterrühren, mit Salz würzen. Mit einem Pürierstab kräftig aufschäumen und eine Prise Zucker hinzugeben.

Für das Gemüsestampf die Kartoffeln schälen und in Salzwasser gar kochen. Oliven und getrocknete Tomaten klein schneiden. Kartoffeln stampfen, Oliven und getrocknete Tomaten hinzugeben, unterheben und alles kräftig mit Meersalz abschmecken. Rosmarin und Thymian klein hacken und mit einem ordentlichen Schuss Olivenöl ebenfalls unterheben.

Scholle gründlich säubern, abspülen, trocken tupfen und beidseitig leicht mehlieren. Öl in einer großen Pfanne (oder einem beschichteten Backblech) erhitzen und den Fisch zunächst auf der Rückenseite scharf anbraten. Nach fünf Minuten die Scholle wenden, die Zitrone und die Knoblauch-Knolle in Scheiben schneiden, beides zur Scholle in die Pfanne geben und mitbraten. Nach weiteren vier Minuten die Pfanne in den vorgeheizten Backofen für 15 Minuten bei 120 Grad stellen.

Den Römersalat sorgfältig von Erde-Resten befreien und halbieren. Öl in einer Pfanne erhitzen, den Römersalat, Zitronen- und Knoblauchscheiben in die Pfanne geben und kräftig braten, bis der Salat eine bräunliche Färbung annimmt.

Die gegarte Scholle im Ganzen auf eine warme Platte legen und den prächtigen Fisch mit dem mediterranen Kartoffelstampf und dem Römersalat anrichten. Zu guter Letzt mit den gebratenen Zitronen- und Knoblauchscheiben aus der Pfanne dekorieren und die Sardellenfilets auflegen.

Zutaten (für 4 Personen):

Zeitaufwand: 50 Minuten

Fisch:
- 1 große Scholle (1,5 – 2 kg) im Ganzen
- Etwas Weizenmehl zum Mehlieren des Fisches
- Olivenöl zum Braten
- ½ Zitrone
- 1 frische Knoblauch-Knolle

Vinaigrette:
- 4 rote Paprikaschoten
- 1 EL Senf
- 1 EL Balsamico-Essig, weiß
- 2 EL kalt gepresstes Olivenöl
- 1 Prise Salz
- 1 Prise Zucker

Kartoffelstampf:
- 400 g Kartoffeln, mehligkochend
- 100 g Oliven, entsteint
- 100 g getrocknete Tomaten
- Meersalz
- 1 Zweig Rosmarin
- 1 Zweig Thymian
- 1 EL kalt gepresstes Olivenöl

Römersalat:
- 1 Römersalat
- Olivenöl zum Braten
- 1 Zitrone
- 2 frische Knoblauchzehen
- 4 Sardellenfilets

Allgemein:
- Grobes Meersalz, nach Geschmack
- Grober Pfeffer aus dem Mörser, nach Geschmack

Wein

Ein schöner kühler Chardonnay ist der richtige Begleiter zu diesem leckeren Fischgericht!

Alternative Fischarten:

Flunder, Kliesche, Seezunge, Steinbutt

Das richtige Wenden

Die herrlich fotogene gebräunte und leicht aufgeplatzte Haut des Fisches haben wir mit etwas Mut zum Risiko erzielt. Lassen Sie die Rückenseite auf jeden Fall die empfohlenen fünf Minuten lang braten – es darf ruhig zischen und dampfen! Das Wenden ist nicht so leicht und Sie brauchen für einen großen Fisch auch einen wirklich starken Wender aus Edelstahl, Kunststoff schafft das nicht …

Es ist nicht schwierig, ein Schollenfilet zu braten, denn trotz seines sehr zarten Fleisches hat es (im Gegensatz zu Dorsch) im fangfrischen Zustand eine gute Bratfestigkeit. Wenden Sie es wirklich nur einmal, nach zwei Minuten im heißen Öl – nach Ende der Garzeit hat das Filet eine appetitliche Bräune durch das Mehl erreicht und ist wunderbar saftig! Die dickeren Filets sehr großer Schollen dürfen jeweils eine Minute länger im heißen Bratfett baden.

Mit Gefühl und ein wenig Kraft wird die große Scholle vom Boden gelöst. Lassen Sie sich dabei gern helfen!

Zarte Scholle

mit geräuchertem Spargel an Salzkartoffeln

Es ist eines dieser Wunder, die es nur in der Küche gibt: Warum passt der Spargel, der unter der Erde wächst so sensationell gut zu Schollen, die am Grunde unserer Meere leben? Dazu eine wunderbar buttrig-schaumige, zitronig-scharfe Hollandaise, von der man nicht genug bekommen kann. Alles mit einem Hauch von Rauch ...

Die Kartoffeln schälen und in einem großen Topf mit Salzwasser 20 bis 25 Minuten lang gar kochen.

Den weißen Spargel schälen, beim grünen Spargel die trockenen unteren Enden abbrechen. Räuchermehl auf den Boden eines (älteren) Kochtopfes geben und bei hoher Temperatur zum Schwelen bringen. Wenn sich erster zarter Rauch entwickelt, den Spargel schnell auf einen Dünst-Einsatz legen und in den Topf stellen. Topfdeckel schließen und drei bis vier Minuten lang bei hoher Temperatur anräuchern.

Einen weiteren Topf mit etwa zwei Litern Wasser, Butter, Salz und Zucker aufsetzen, zuerst den weißen Spargel hineingeben, nach zwei bis drei weiteren Minuten folgt der grüne Spargel. Beides etwa zehn weitere Minuten lang gemeinsam garen.

Für die Hollandaise die Butter in einem kleinen Topf aufsetzen und schmelzen lassen. Die Eigelbe zusammen mit dem Weißwein in einem weiteren, kalten Topf aufsetzen, langsam erwärmen und die Masse kräftig und unter ständigem Rühren mit einem Schneebesen aufschlagen. Wenn die Eigelb-Masse anfängt zu binden, nach und nach und unter ständigem Rühren die flüssige, zwischenzeitlich aber etwas abgekühlte Butter einträufeln. Temperatur auf schwache Hitze reduzieren, Piment d' espelette, Senf und ein paar Spritzer Zitrone hinzufügen, mit Salz und Pfeffer abschmecken. Die fertige Hollandaise vom Herd nehmen.

Erst jetzt die zarten Schollenfilets leicht mehlieren und schonend in Rapsöl etwa zwei Minuten pro Seite goldgelb braten.

Den Bärlauch in feine Scheiben schneiden, Spargel und Kartoffeln abgießen. Die Kartoffeln im Bärlauch wälzen. Das Schollenfilet auf dem gemischten Spargel anrichten, Kartoffeln und die Sauce um das dampfend heiße Gericht verteilen.

Zutaten (für 4 Personen):

Zeitaufwand: 60 Minuten

Fisch:
- 4 Schollenfilets ohne Haut zu je 200 g
- Feines Weizenmehl zum Mehlieren
- Rapsöl zum Braten

Kartoffeln:
- 500 g Kartoffeln, festkochend
- 2 l Salzwasser
- 1 Bund frischer Bärlauch (alternativ Petersilie)

Spargel:
- 400 g weißer Spargel
- 400 g grünerSpargel
- 1 EL feines Buchen-Räuchermehl
- 2 l Wasser
- 1 Stich Butter
- 1 TL Salz
- 1 TL Zucker

Sauce Hollandaise:
- 200 g Butter
- 3 Eigelbe
- Weißwein
- 1 Msp. Piment d' espelette (alternativ Chili-Pulver)
- 1 EL mittelscharfer Senf
- 1 Zitrone
- Salz, nach Geschmack
- Pfeffer, nach Geschmack

Wein:
Einen leichten Weißwein, beispielsweise einen trockenen Riesling, möchten wir zu diesem Gericht empfehlen.

Alternative Fischarten:
Flunder, Kliesche, Seezunge, Steinbutt und auch der etwas fettere Heilbutt

Was ist Piment d´ espelette?
Dieses scharf aromatische und sehr an Chili erinnernde Gewürz spielt vor allem in der Küche des Baskenlandes eine Rolle. Dort wird die Pflanze heute auch kultiviert, die ursprünglich aus Mexiko kommt und etwa zehn Zentimeter lange Früchte trägt.

Das Filetieren von Plattfischen ist sehr einfach und es ergeben sich immer vier Filets. Die schneiden wir mit einem biegsamen Filetiermesser, das eine geschmeidige Klinge hat, immer von der Mittelgräte zum Flossensaum hin seitlich weg. Die nachgiebige Klinge ermöglicht uns einen sauberen Schnitt längs des Skeletts.

Zander

Der Zander

Superstar für Angler und Gourmets

Der Raubfisch mit dem markanten Stachelrücken, den martialischen Fangzähnen und dem schimmernden Auge ist einer der beliebtesten Küchenfische überhaupt. Sein schneeweißes, festes Muskelfleisch ist mit etwa 80 Kalorien, einem Fettgehalt von weniger als einem Prozent und knapp 20 Prozent Eiweiß auf 100 Gramm Rohmasse das leichteste aller Fische, die wir in diesem Buch für Sie gekocht haben. Sein Fleisch zerfällt in herrliche Scheiben und hat im Kern einen seidigen Glanz, wenn es perfekt gegart wurde. Der Zander hat nicht ganz das eigene Aroma eines Hechtes oder die vornehme Note eines Wolfsbarsches. Dennoch schmeckt sein Fleisch unter anderen Fischen heraus. Zander können gedünstet (wir machen das für Sie, besonders schonend, im Dampfkorb) oder knusprig auf der Haut gebraten werden. Überhaupt wäre es eine Sünde, wenn Sie sich nicht die Mühe machen und das lästige Entschuppen der Haut über sich ergehen lassen würden: Der Raubfisch trägt seine spärlichen Fettreserven nämlich fast ausschließlich in und direkt unter der Haut! Somit gerät diese, in heißem Öl gebraten und erst zuletzt mit einem Stich Butter verfeinert, zu einer besonders knusprigen Delikatesse. Allerdings ist der Zander auch vom Backblech oder aus dem heißen Rauch (dann aber unbedingt warm genießen, sonst wird das Fleisch zu fest) immer eine Gaumenfreude. Wir haben den edlen Raubfisch auch in einem Rezept als eine peruanische Ceviche zubereitet – also roh, nur mit Zitrone mariniert. Eine leckere und leichte Sommermahlzeit! Vielerorts wird das lupenreine Rückenfilet des Zanders auch als Sushi (auf Reis) oder Sashimi (ohne Reis) angeboten. Etwas Vorsicht ist jedoch bei Zandern geboten, die wandernden Stint aus der Nordsee fressen, also beispielsweise beim Elbzander. Über die Stinte nehmen die Zander nämlich Nematoden (Fadenwürmer) auf, die sich gerne in deren Bauchlappen einnisten. Dort sind sie gut erkennbar und sollten entfernt werden. Ganz auf Nummer sicher gehen Sie, wenn Sie das Filet des Zanders vor der Zubereitung als rohen Fisch einmal schockfrosten. Gewissenhafte Fischesser verzichten in der Zeit von Ende Februar bis Mitte Juni auf den Verzehr von Wildfängen, da sie jetzt Rogen oder Milch tragen beziehungsweise nach dem Laichen ausgemergelt sind. Zander aus Aquakultur (oft aus Dänemark) bieten in dieser sensiblen Zeit eine gute und sinnvolle Alternative.

WAS PASST ZUM ZANDER?

Das zarte Zanderfleisch verträgt sich mit allem, was seine leichte Individualität unterstützt. Sehr gut schmecken frische gebratene Waldpilze, zartes Rohgemüse oder gedünsteter Brokkoli, Möhren oder Spargel. Dennoch kann Zander auch zu kräftigeren Zutaten sehr gut harmonieren, wie beispielsweise einer Scheibe ausgelassenem, gutem Bauchspeck (zum Beispiel Pancetta) oder kurz frittierter Petersilie. Klassisch und niemals verkehrt sind kleine Kartoffeln, die kurz in Nussbutter (in der Pfanne erhitzte Butter, deren Eiweißrückstände abgeschöpft wurden) und frisch gehackter Petersilie geschwenkt werden.

WAS BRAUCHT MAN AN WERKZEUG?

Das Verwerten von Zandern in der Küche schont nicht gerade Ihre Hände. Die rauen, harten Kammschuppen sind nur mit einem kräftigen Fisch-Schupper zu besiegen (am besten unter fließendem kaltem Wasser, sonst ist die Küche damit dekoriert). Eventuell kann also der Einsatz eines Gummihandschuhes sinnvoll sein. Auf jeden Fall sind aber wieder eine Flossenschere und ein Filetiermesser unerlässlich. Ansonsten ist die Verwertung des Fisches, der sehr fest im Fleisch ist, allerdings ein wahres Vergnügen!

Zander

nach Förster-Art

Die Zutatenliste für dieses schnelle Zander-Rezept könnte man sich großteils leicht während eines Spazierganges im Wald zusammensuchen. Das zarte und leichte Fleisch des Zanders ist sehr gut im Zusammenspiel mit der leichten Beerensüße und dem erdigen Aroma der Pilze.

Die Hälfte der Beeren mit einem Löffel in einem tiefen Teller zerdrücken, bis Flüssigkeit austritt und sich ein leichtes Püree bildet. Die andere Hälfte der Beeren in den Früchtebrei geben.

Die Pilze putzen, Kräutersaitlinge halbieren. Frühlingszwiebeln in grobe Stücke, Knoblauch und Speck in feine Scheiben schneiden.

Öl in einer Pfanne erhitzen, den Zander auf der Hautseite braten, kurz bevor der Fisch gar ist wenden. Sie erkennen das daran, wenn sich das Fleisch an der Oberseite fast komplett weiß verfärbt hat. Dann die Pilze, die Frühlingszwiebeln und den Speck in der Pfanne für zwei bis drei Minuten scharf mitbraten.

Alles zusammen kreativ anrichten. Das Zanderfilet auf jedem Teller immer mit der Haut nach oben servieren, damit die krosse Fischhaut nicht labberig wird! Nach Belieben mit Meersalz und Pfeffer würzen.

Zum mageren Zander, mit seinem schneeweißen Fleisch, passt grundsätzlich ein halbtrockener Weißwein sehr gut – hier empfehlen wir einen fruchtigen Silvaner, der zusätzlich mit den Waldbeeren und Pilzen harmoniert.

Alternativ können Sie dieses Gericht auch mit einem Hecht-, Bachforellen- oder Saiblingsfilet nachkochen. Dorsch und Seelachs gehen natürlich immer!

Zutaten (für 4 Personen):

Zeitaufwand: 20 Minuten

- 4 frische Zanderfilets zu je 200 g mit Haut, gründlich entschuppt
- 200 g frische Brombeeren
- 200 g frische Heidelbeeren
- 400 g frische Pfifferlinge
- 400 g frische kleine Kräutersaitlinge
- 4 Frühlingszwiebeln
- 1 frische Knoblauchzehe
- 200 g geräucherter Bauchspeck
- Grobes Meersalz, nach Geschmack
- Schwarzer Pfeffer aus dem Mörser, nach Geschmack

Ceviche vom Zander

Frisches Vergnügen aus Lateinamerika

Die aus Peru stammende Ceviche ist ein Renner in der internationalen Fischküche geworden! Der frische Salat aus Seegetier oder Fisch und leichter Schärfe, bei gleichzeitiger Säure durch frisches Obst und Gemüse, ist vor allem in den warmen Monaten ein echter Freuden- und Vitaminspender.

Das Filet in feine Scheiben schneiden, am besten leicht schräg. Den geschnittenen Fisch in eine Schüssel geben, eine Zitrone auspressen, über den Fisch gießen und alles leicht miteinander vermischen – einige Minuten ziehen lassen.

Die Äpfel waschen, vierteln, entkernen, in feine Scheiben schneiden und zum marinierten Fisch geben. Rote Zwiebeln schälen, in feine Ringe schneiden und ebenfalls in die Schüssel geben. Radieschen putzen, in Scheiben schneiden und ebenfalls hinzugeben. Den Dill zupfen und zu den anderen Zutaten geben. Zum Abschluss das Olivenöl darüberträufeln und mit Salz und Pfeffer würzen.

Die frische Zander-Ceviche in Schälchen anrichten und mit der Kresse bestreuen.

Genießen Sie dieses frische und neuartige Geschmackserlebnis am besten direkt am Wasser, vom frisch gefangenen Fisch zubereitet! Gefrosteter Fisch oder ältere Ware ist für diese Zubereitung nicht geeignet – wir benötigen also auf jeden Fall besten Frischfisch in Sushi-Qualität. Für einen Angler oder eine Anglerin kein echtes Problem!

Zutaten (für 4 Personen):

Zeitaufwand: 15 Minuten

- 500 g frisches Zanderfilet, ohne Haut und Gräten
- 2 Zitronen
- 2 Äpfel
- 2 rote Zwiebeln
- 200 g Radieschen
- 100 g Gartenkresse
- ½ Bund Dill
- Hochwertiges Olivenöl
- Grobes Meersalz, nach Geschmack
- Schwarzer Pfeffer aus dem Mörser, nach Geschmack

Wein:
Zu rohem oder gebeiztem Fisch ist ein Glas kühler Sauvignon Blanc immer die passende Begleitung!

Alternative Fischarten:
Ein frisches Ceviche aus rohem, mariniertem Fisch ist dem leichten Zander natürlich wie auf den Leib geschnitten. Dennoch kann man auch mit einer Bachforelle, einem Saibling oder einer Meerforelle tolle Ergebnisse erzielen. In ihrem Mutterland Peru wird die Ceviche auch oft aus Meeresfrüchten wie Muscheln, Meeres-Schnecken und Garnelen zubereitet.

Krosser Zander

mit Rahm-Kraut und Weintrauben

Wenn die Haut unseres Fischfilets wirklich knusprig auf unserem Teller landet, hat der Koch sein Handwerk vorzüglich verstanden! Zum Röstaroma perfekt gebratener Zander-Haut kommt bei diesem Gericht eine würzig, säuerliche Note durch vollkommenes Rahm-Kraut. Süße Weintrauben als Gegenspieler machen die Abstimmung rund.

Tipp
Um beim Braten auf der Haut ein wirklich tolles Ergebnis zu erzielen, darf sich die Haut des Fisches nach dem Einlegen in das heiße Fett nicht sofort zusammenziehen. Insbesondere bei ganz frischen Fischen, wie wir Angler sie ja glücklicherweise oft zur Verfügung haben, lässt sich dieser Prozess allerdings kaum vermeiden. Es sei denn, Sie verwenden eine beschichtete Pfanne aus dickem Guss. Die braucht nämlich ein bisschen, bis sie sich erhitzt hat und lässt dem Fisch somit Zeit, sich der steigenden Temperatur des Öles anzupassen. Noch wichtiger ist allerdings, dass Sie das Brat-Öl und den Fisch in die kalte(!) Pfanne geben – immer zuerst mit der Haut nach unten. Dann kann sich die Haut an die hohen Temperaturen gewöhnen und zieht sich nicht durch die plötzliche Hitze zusammen.

Tipp
Wir sprechen bei den Zutaten von einem „Stich" Butter. Das ist die Kurzform von „einmal mit dem Messer vom Butterblock abgestochen" und entspricht in der Küchensprache etwa 15 Gramm.

Zunächst nur die Abschnitte und die Schwarte vom Räucherspeck in einem hohen Topf scharf anbraten, damit das Sauerkraut später ein schönes Raucharoma bekommt. Die Gemüsezwiebel in feine Würfel schneiden und in den Topf zum heißen Speckfett geben und anschwitzen.

Den restlichen Speck in feine Scheiben schneiden, ein Backblech mit Backpapier auslegen und die

Zutaten (für 2 Personen):

Zeitaufwand: 40 Minuten

Fisch:
- 400 g Rückenfilet vom Zander, entschuppt mit Haut
- 2 – 3 EL Olivenöl zum Braten
- 1 frische Knoblauchzehe
- 1 Stich Butter
- 5 Zweige Zitronen-Thymian

Rahm-Kraut:
- 1 Speckschwarte, geräucherte Abschnitte
- 50 g durchwachsener Räucherspeck (am besten Pancetta)
- 1 große Gemüsezwiebel
- 3 getrocknete Lorbeerblätter
- 1 EL getrocknete Wacholderbeeren
- 500 g Sauerkraut
- 150 ml Fischfond
- 150 ml trockener Weißwein
- 250 ml Sahne
- 100 g Kartoffeln

Allgemein:
- Pfefferkörner aus der Mühle, nach Geschmack
- Grobes Meersalz, nach Geschmack
- 100 g dunkle, kernlose Weintrauben zur Garnitur
- Frische Kohlblätter zur Garnitur

Wein:
Den kräftigen Aromen dieses betörenden Fischgerichtes setzen wir einen kraftvollen Pfälzer Morio Muskat entgegen – kalt genießen!

Alternative Fischarten:
Neben dem Zander sind die entschuppten Filets vom Dorsch, Wolfsbarsch oder Lachs ebenfalls Klassiker zum Braten auf der Haut.

Scheiben bei 120 Grad für etwa 12 Minuten in den vorgeheizten Backofen geben, bis der Speck schön knusprig geworden ist. Danach auf Küchenkrepp abtropfen lassen und im Ofen warm stellen.

Die Lorbeerblätter und den Wacholder (kurz im Mörser zerstoßen) zu den Speckzwiebeln geben, kurz anrühren und das Sauerkraut mit je einer ordentlichen Prise Pfeffer und Salz dazugeben und ebenfalls kurz anbraten. Mit Fischfond und Weißwein ablöschen, köcheln lassen und zwischendurch umrühren. Wenn das Sauerkraut nach etwa zehn Minuten schön durchgezogen ist, die Sahne in die köchelnden Zutaten gießen und weiter umrühren. Die rohen Kartoffeln in das Sauerkraut reiben, damit dieses eine schöne Bindung bekommt. Ein paar Minuten weiterköcheln, kurz vor dem Anrichten die Speck-Abschnitte herausnehmen und das Sauerkraut mit Salz und Pfeffer abschmecken

Das Rückenfilet vom Zander halbieren und in eine Pfanne mit Olivenöl geben. Die Filets zunächst auf der Hautseite anbraten. Erst wenn das Filet nach sechs oder sieben Minuten fast durchgebraten ist, drehen wir es um. Jetzt den Knoblauch andrücken und mit einem Stück Butter und dem Thymian zum Zander geben. Zwei bis drei Minuten lang zu Ende braten und ganz zum Schluss die halbierten Weintrauben kurz in der Bratbutter schwenken.

Das Sauerkraut in einem tiefen, angewärmten Teller anrichten, Zanderfilet darauflegen und leicht mit Salz würzen. Mit Weintrauben, Speck und Kohlblättern garnieren.

Tipp
Das beste Knoblauch-Aroma bekommt unser Bratfisch, wenn wir den Knoblauch mit der Schale einfach kurz mit dem Messerrücken andrücken – bis es leicht knackt. Dadurch ist das Innere der Zehe vor dem Verbrennen im Fett geschützt, kann aber seine ätherischen Öle an das Bratfett abgeben und den Fisch damit sanft würzen. Also bitte nicht den Knoblauch vor dem Braten schälen oder gar zerkleinern, denn dann wird die Sache leider nur bitter.

Profis entschuppen ihren Fisch übrigens im Spülbecken unter fließend kaltem Wasser! Warum? Weil das die anschließende Grundreinigung der Küche und großen Ärger mit den Mitbewohnern erspart ...

Zander

aus dem Dampf-Korb

Es betört uns eine Flut von Aromen, wenn wir den Deckel des Holz-Korbes öffnen. Was Zitronengras, Curry, Ingwer und Knoblauch in wenigen Minuten aus unserem zarten Zander gemacht haben, entbehrt jeder Beschreibung – Sie MÜSSEN das einfach probieren!

Die Auberginen der Länge nach halbieren und an der Schnittstelle ein paarmal längs und quer mit dem Messer einschneiden. Dann auf ein Backblech geben und mit reichlich Meersalz und einfachem Olivenöl würzen. Für 20 Minuten bei 160 Grad im vorgeheizten Backofen garen.

Den Spitzkohl putzen, Strunk entfernen und zwei oder drei große, ganze Blätter für 30 Sekunden in Kochwasser mit reichlich Salz blanchieren und sofort in Eiswasser abschrecken. Cherry-Tomaten waschen, kreuzweise einschneiden und ebenfalls ganz kurz kochen und im Eiswasser abschrecken.

Das Zanderfilet in zwei Portionen teilen und den Boden des Dampf-Korbes mit den Spitzkohl-Blättern auslegen. Die beiden Filets nebeneinander auf die Blätter legen, mit etwas Abstand zueinander. Galgant, Ingwer, Chilischote, Knoblauch und halbe Limette putzen oder schälen und in grobe Würfel schneiden. Zitronengras mit der Rückseite vom Messer aufbrechen. Alles zusammen in einer großen, tiefen Pfanne mit Olivenöl für ein paar Minuten anbraten, Koriander und Curry dazugeben und mit Fischfond und Soja-Sauce ablöschen. Der Dampfkopf sollte jetzt möglichst genau über den Pfannen-

Zutaten (für 2 Personen):

Zeitaufwand: 40 Minuten

Fisch:
- 400 g Rückenfilet vom Zander, ohne Haut
- 2 große Spitzkohlblätter (zusammen etwa 100 g)
- Eiswasser

Gemüse-Stampf:
- 2 Auberginen (rund oder oval)
- 180 g Cherry-Tomaten
- 20 g Koriander

Würz-Gemüse:
- 30 g Galgant
- 50 g Ingwer
- 1 Chilischote
- 2 Stangen Zitronengras
- 2 Knoblauchzehen
- 1 Limette
- 50 g Koriander
- 1 TL Curry
- 200 ml Fischfond
- 50 ml Soja-Sauce

Allgemein:
- Grobes Meersalz, nach Belieben
- Olivenöl zum Braten
- Hochwertiges Olivenöl zum Abschmecken

Wein:
Zum sehr leichten Fisch passt die Säure eines vornehmen trockenen Rieslings am besten.

Alternative Fischarten:
Fische mit weißem, festem Fleisch, wie Dorsch, Steinbeißer, Barsch oder Lengfisch, passen perfekt zu den Zutaten und der Garmethode unseres Gerichtes.

boden passen – eine große Sudpfanne ist ideal. Den Fisch im geschlossenen Dampf-Korb jetzt über den würzigen, köchelnden Sud geben und alles für fünf bis sechs Minuten garen, je nach Dicke der Filets.

Während der Fisch zart vor sich hin dämpft, die Tomaten enthäuten – das geht nach dem Einschneiden und Abschrecken ganz leicht. Die gebackenen Auberginen-Hälften aus dem Ofen holen, aushöhlen und das Fleisch zu den Tomaten geben. Olivenöl, Pfeffer, gehackten Koriander und etwas Salz dazugeben. Auberginen-Tomaten-Mischung kurz in einer Pfanne anbraten und dabei nach Belieben zerdrücken.

Das Gemüse-Stampf mit dem gedämpften Zander im Dampf-Korb anrichten, mit Meersalz würzen und mit der restlichen Limette garnieren.

Was ist eigentlich Galgant?

Als Würzpulver ist diese Knolle aus der Familie der Ingwer-Gewürze bekannter und wird zum Beispiel für einige Wurstsorten verwendet. Da die Schärfe etwas dezenter als beim Ingwer ist, kann man die Galgant-Knolle sehr gut zum Würzen von Fisch und für würzigen Sud zum Fisch einsetzen.

Eine schonendere Zubereitung für das Fischfilet gibt es nicht! Alle Vitamine und Aromen bleiben im Dampfkorb erhalten.

Lachs

Der Lachs

König der Fische

Ja, der Atlantische Lachs ist eine Kalorienbombe! Dies liegt an seinem fetten Fleisch, das immerhin 200 Kalorien bei einem Stückchen mit nur 100 Gramm auf den Teller bringt. Allerdings setzen sich die 14 Prozent Fett in seinem Körper zu mehr als zwei Dritteln aus sehr gesunden ungesättigten Fettsäuren zusammen. Schließlich gelten auch Nahrungsergänzungsmittel mit Lachs-Öl als segensreicher Spender der beliebten Omega-3 Fettsäuren. Darüber hinaus steckt so ein Lachs voller Vitamine und ist ein guter Lieferant von Magnesium und Kalzium. Geschmacklich ist sein schweres, festes Fleisch durchaus markant und sowohl gebraten, gegrillt, gedünstet, geräuchert, gebeizt als auch roh als Sashimi ein Genuss. Vielen gefällt auch die typisch rote Färbung des Fleisches. Die ist allerdings in der Natur sehr „variabel" und hängt ausschließlich von den Fressgewohnheiten der Lachse in freier Natur ab.
Die rote Farbe kommt nämlich vom Astaxanthin, das in den Schalen von Krebstieren steckt. Und die vertilgt der Lachs gerne im ganzen Dutzend! Wenn allerdings während längerer Fressphasen eher Beutefische wie Heringe angesagt sind, dann wird das Fleisch immer heller. Der Lachs, der um die dänische Insel Bornholm gefangen wird, ist zum Beispiel gar nicht mehr rötlich, sondern eher weiß-gräulich gefärbt – also fast wie ein Seelachsfilet! Auch ist dessen Fleisch oft noch ein wenig fetter als das anderer Atlantischer Lachse. Bevor ich Ihnen hier allerdings noch viel über Wildfänge erzähle, die uns Anglern meist in Skandinavien oder eben beim Angeln in der Ostsee gelingen: Diese Fische sind für „Nicht-Angler" als Wildfänge oft unglaublich teuer und obendrein sehr selten im Fischhandel zu bekommen. Zu einem wahren Grundnahrungsmittel wurde der Lachs durch die Aquakultur der Norweger und der Chilenen, die heute den Weltmarkt bedienen. Da ist das Filet selbstverständlich durch Astaxanthin-Zugabe im Futter immer schön rot und auch ansonsten ist die Qualität von hochwertigem Farmlachs durchaus mit der eines Wildlachses gleichzusetzen. Für unsere Rezepte haben wir jeweils Farmlachs höchster Qualität verwendet, da Sebastian und ich sie nicht auf die Schnelle als Wildfänge angeln konnten …! Wir bieten Ihnen in mehreren Rezepten die gesamte Bandbreite des vielseitigen Speisefisches an und schrecken dabei auch nicht vor kalt geräucherten oder Sushi-Variationen zurück. Wir behandeln den König der Fische somit standesgemäß königlich – guten Appetit!

WAS PASST ZUM LACHS?

Diese Frage ist einfach zu beantworten – alles! Scharfer Wasabi, süß-saure Saucen, salzige Soja-Sauce oder Pommes zum Lachs-Burger. Eventuell auch herzhafter Lauch oder knusprig krosse Rösti. Diesen Fisch können Sie mit nichts schocken und erlaubt ist, was gefällt. Außer einer einzigen Todsünde, nämlich zu viel Hitze beim Garen! Lachs muss in seinem Kern stets glänzen sonst verhält er sich wie ein herrliches Stück frischer Tunfisch, den man in die Dose gesteckt hat.

WAS BRAUCHT MAN AN WERKZEUG?

Küchen-Lachse sind oft ordentliche Kaliber mit mindestens drei bis vier Kilo Gewicht und bedürfen eines starken Messers, will man die Rückengräte durchtrennen oder den Kopf entfernen. Profis filetieren Lachse gerne zuerst einmal grob mit einem großen Brotmesser und entfernen dann die Bauchgräten mit einem flachen Schnitt, wozu ein flexibles Filetiermesser angebracht ist. Unerlässlich ist eine Zange oder eine Pinzette zum Ziehen der Gräten im Rückenfilet des frischen oder zubereiteten Fisches.

Sebastian Bruns bei einer tollen Methode, ein frisches Lachsfilet kalt zu räuchern (ab Seite 68).

Königlicher Lachs-Burger

mit Pommes frites & Sanddorn-Mayonaise

Man muss den Mund schon ganz schön groß machen, um das Zusammenspiel aller Zutaten auf diesem Fisch-Burger der Extraklasse zu schmecken: Der saftige Lachs mit dem knackigen Spinat und der fruchtigen Sanddorn-Mayonnaise, zwischen zwei betörenden Deckeln aus frisch gebackenem Brioche-Teig – es lohnt sich heute mal, den Mund besonders voll zu nehmen!

Das Lachsfilet trocken topfen, Gräten ziehen und schräg in etwa fünf Zentimeter breite Tranchen schneiden, damit sich das Brioche-Brötchen anschließend gut damit belegen lässt.

Für die Sauce in einer Schüssel Mayonnaise, Sweet-Chili-Sauce, Sanddorn-Beeren und Curry-Pulver sorgfältig miteinander vermengen.

Als Beilage zum Burger gehören natürlich Pommes frites! Zu DIESEM Edel-Burger natürlich selbst gemachte: In einem Topf Rapsöl zum Frittieren erhitzen (nicht brodeln lassen). Kartoffeln schälen und in daumendicke Stifte schneiden und zehn Minuten lang im Öl vorgaren. Die Kartoffel-Stifte dürfen dabei noch keine Farbe annehmen. Danach die Pommes herausnehmen und auf einem Küchentuch abtropfen lassen. Das Öl nun erhitzen, bis es richtig brodelt. Am besten kurz einen Schaschlik Spieß in das Öl halten – wenn sich daran Bläschen bilden, ist mit 170 Grad die ideale Frittier-Temperatur erreicht.

Zutaten (für 4 Personen):

Zeitaufwand: 40 Minuten

Fisch:
- 800 g Lachsfilet, aus der Mitte geschnitten, ohne Haut
- 1 EL Mehl zum Panieren
- 2 EL Olivenöl zum Braten

Brötchen und Belag:
- 4 Brioche-Brötchen
- 2 Gemüsezwiebeln
- 100 g Blätter vom Baby-Spinat
- 100 g sauer eingelegte Gurken, in Scheiben

Sanddorn-Mayonaise:
- 80 g Mayonnaise
- 80 g Sweet-Chili-Sauce
- 80 g Sanddorn-Beeren (tiefgefroren)
- Curry-Pulver, nach Geschmack

Pommes frites:
- 1 l Rapsöl zum Frittieren
- 2 große, festkochende Kartoffeln
- Paprika-Pulver (eventuell geräuchert), nach Geschmack

Allgemein:
- Grobes Meersalz, nach Geschmack
- Schwarzer Pfeffer aus dem Mörser, nach Geschmack

Getränke-Empfehlung:
Zu Burger empfehlen wir Ihnen – standesgemäß – ein Bier, am besten ein kaltes Pils!

Alternative Fischarten:
Meerforelle, Lachsforelle, Regenbogenforelle

Zwischenzeitlich für die Röstzwiebeln die Zwiebeln schälen, in Ringe schneiden und im Mehl wälzen. Tipp: Die Zwiebelringe zuvor für einige Stunden in Milch einlegen, dann werden sie noch krosser!

Die Pommes in dem heißen Rapsöl fünf Minuten lang frittieren, dann herausnehmen und auf einem Küchentuch abtropfen lassen. Anschließend mit Paprika-Pulver und Meersalz würzen.
Für die Röstzwiebeln Öl in einer Pfanne stark erhitzen und die mehlierten Zwiebelringe zwei Minuten darin ausbacken.

In einer Steakpfanne das Olivenöl erhitzen, die Lachs-Tranchen auf den Schnittseiten jeweils etwa drei Minuten lang braten, bis sich das Fleisch weißlich verfärbt. Nach dem Braten mit Pfeffer und Meersalz würzen und in der Pfanne bereitstellen.
Für den Burger die Brioche-Brötchen aufschneiden, die Hälften kurz in einer heißen Pfanne ohne Fett anrösten oder im heißen Ofen erwärmen. Die Brötchenhälften dann zunächst beide mit dem Dip bestreichen, den Baby-Spinat großzügig auf die untere Brötchenhälfte geben. Die Lachs-Tranchen vorsichtig auf den Spinat legen, danach die sauren Gurken-Scheiben, die Röstzwiebeln und zum Schluss die obere Brötchenhälfte auflegen.

Den imposanten, duftenden Burger auf einem Teller anrichten und zusammen mit den Pommes servieren.

Was ist Brioche?
Ein Hamburger-Brötchen aus französischem Brioche-Teig hat zwei entscheidende Vorteile gegenüber dem allgegenwärtigen Wabbel-Brötchen, in dem Hamburger für gewöhnlich serviert werden. Erstens ist es wesentlich „stabiler" und hält die zahlreichen Zutaten somit sehr gut zusammen, ohne aufzuweichen. Und zweitens wird das Brioche-Brötchen mit so viel frischem Ei und Butter gebacken, dass es ebenfalls seinen Geschmacksanteil zu unserem königlichen Burger beiträgt – und das passt hervorragend zusammen!

So lecker sieht ein guter Farm-Lachs aus (links)! Tipp: Zwiebelringe vor dem Braten kurz melieren (rechts).

Knusprige Nori-Rolle

mit saftigem Lachs-Tatar

Es steht eine große Veränderung bei Ihnen ins Haus: Das vorzügliche (und sündhaft teure) Tempura-Sushi vom Lieblings-Japaner ist schon in wenigen Augenblicken Bestandteil Ihres eigenen Koch-Repertoires! Es könnte eine neue Leidenschaft werden ...

Das Lachsfilet trocken tupfen und nochmals mit der Pinzette nach Gräten absuchen, danach in kleine Würfel schneiden und in eine große Edelstahlschüssel füllen, die im Kühlschrank kalt gestellt wurde.

Dann die Ingwer-Knolle mit dem Messer schälen und über die Lachswürfel reiben, anschließend die Zitronengras-Stängel längs halbieren und die trockenen äußeren Schalen entfernen. Das verbleibende „Herz" des Zitronengrases jetzt ganz fein hacken. Den Knoblauch und den Koriander ebenfalls fein hacken. Alles zusammen mit grobem Pfeffer und Sesamöl zu den Lachswürfeln geben und vermengen.

Die Bambusmatte in günstiger Arbeitshöhe und flach platzieren, das Nori-Blatt auf die Matte legen und das Lachstatar daumendick darauf verteilen. Etwa zwei Drittel des Blattes sollten mit der Lachs-Masse bedeckt sein. Jetzt beginnen Sie langsam und mit Gefühl, das Nori-Blatt mit dem Lachstatar zu einer dicken Rolle zu formen. Fangen Sie an dem mit der Fischmasse bedeckten Teil an und rollen

Zutaten (für 4 Personen):

Zeitaufwand: 35 Minuten

Fisch-Tatar:
- 800 g Lachsfilet ohne Haut und Gräten
- 1 daumengroßes Stück Ingwer
- 3 Stängel Zitronengras
- 3 – 4 frische Knoblauchzehen
- 1 Bund frischer Koriander
- 2 EL Sesamöl

Nori-Rolle:
- 1 Bambusmatte zum Einrollen
- 4 große, rechteckige Nori-Blätter
- 2 l Öl zum Frittieren

Tempura-Teig:
- 200 g Tempura-Mehl
- 200 ml Eiswasser

Dip:
- 100 ml Mayonnaise
- 100 ml Soja-Sauce

Gemüse:
- 2 Pak Choi
- 1 Peperoni
- 3 rote Zwiebeln
- 2 EL Olivenöl zum Braten

Allgemein:
- Schwarzer Pfeffer aus dem Mörser, nach Geschmack
- Grobes Meersalz, nach Geschmack
- Soja-Sauce

Getränke-Empfehlung:
Ein schönes Glas eisgekühlten Prosecco kann man sich zu diesem leckeren Häppchen Luxus gerne einmal gönnen.

Alternative Fischarten:
Meerforelle, Lachsforelle, Regenbogenforelle

Sie in Richtung des unbedeckten Nori-Blattes. Dieses wird an die Rolle gedrückt, um sie zu verschließen, überstehende Ende schneiden wir mit einem scharfen Messer ab. Diese Arbeitsschritte haben wir für Sie in einer kleinen Fotoreihe zusammengefasst.

1

Das Tempura-Mehl besteht aus Weizenmehl mit Backtriebmittel und Stärkemehl. Wir rühren es mit dem Schneebesen und dem Eiswasser zu einem dünnflüssigen Teig

Die Mayonnaise mit Soja-Sauce vermengen.

Die äußersten Blätter der Pak Choi entfernen und die Herzen vierteln. Entkernte Peperoni und Zwiebeln in sehr feine Ringe schneiden. Olivenöl in einer Pfanne erhitzen, den Pak Choi hineingeben und ohne dass er Farbe annimmt leicht anbraten. Peperoni- und Zwiebelringe hinzugeben, mit etwas Soja-Sauce ablöschen und leicht dünsten. Mit Pfeffer und Salz nach Belieben würzen.

2

Frittier-Öl in einem Topf erhitzen. Wenn sich an einem Streichholz oder Zahnstocher kleine Perlen bilden, hat das Öl die optimale Temperatur erreicht. Dann die Tatar-Sushi-Rolle durch den Tempura-Teig ziehen und im heißen Öl zwei bis drei Minuten lang ausbacken.

Das Pak-Choi-Gemüse auf einem Teller anrichten, die Rolle aufschneiden, danebenlegen und zusammen mit der Soja-Mayonnaise servieren.

Was ist eigentlich Nori?
Es handelt sich um eine Meeres-Alge, die in Japan kultiviert, in dünne Blätter gepresst und getrocknet wird. Ihre typisch trockene Konsistenz bekommen die Algen-Blätter durch einen speziellen Röst-Vorgang. Nori ist extrem reich an Jod und in jedem Asia-Laden relativ preiswert zu erwerben.

Was ist ein Pak Choi?
Pak Choi ist ein chinesischer Blätterkohl, den wir hierzulande meist aus niederländischem Anbau erhalten. Geschmacklich geht er in Richtung Chinakohl, hat aber ein sanftes Senf-Aroma.

3

Räucherlachs

mit Rösti und Orangen-Fenchel-Salat

Warmes, knuspriges Rösti ist für sich alleine schon ein Gedicht. Im Quartett mit kalt geräuchertem Lachs, Kräutercreme und unserem feinen Orangen-Fenchel-Salat betritt dieses Gericht jedoch die allerhöchste Stufe, die so ein edler Fang wie der Lachs erklimmen kann!

Den Lachs filetieren, die Haut mit Schuppen aber dranlassen. Die getrockneten Kräuter im Mörser grob zerstoßen, in die Mischung aus Salz und Zucker geben und nach Geschmack einen Schuss Aquavit und Gewürze hinzugeben. Das Filet in der Mischung wälzen, mit der Hautseite auf ein tiefes Backblech geben und zum Schluss die restliche Beize großzügig darüberstreuen. Anschließend Klarsichtfolie über das Blech spannen und für 12 Stunden in den Kühlschrank geben.

Wenn eine gleich große Meer- oder Lachsforelle gebeizt werden soll, verringert sich die Zeit um drei Stunden. Dies liegt an der etwas feineren Faserung des Muskelfleisches bei diesen Fischarten. Welcher von beiden Edel-Fischen schlussendlich besser schmeckt, das müssen Sie selbst entschei-

Zutaten (für 4 Personen):

Zeitaufwand: 60 Minuten (ohne Reifezeit)

Fisch:
- 1 Lachs (3 bis 4 kg) oder eine Meerforelle oder 1 Lachsseite mit Haut

Beizen/Räuchern:
- 50 g Koriander, getrocknet
- 1 EL Lorbeerblätter, gestoßen
- 1 EL Fenchel-Saat
- 1 EL weiße Pfefferkörner, ganz
- 1 EL Senfsaat
- 500 g Zucker
- 500 g Salz
- 1 EL Wacholder
- 20 ml Pernod oder ein anderer Aquavit, ganz nach Geschmack
- 1 EL feines Buchen-Räuchermehl

Orangen-Fenchel-Salat:
- 1 große Fenchelknolle
- 2 mittelgroße Orangen
- 2 EL Olivenöl
- 1 Bund Blattpetersilie
- Eiswasser (Leitungswasser plus Eiswürfel)

Rösti:
- 8 faustgroße Kartoffeln, festkochend
- Rapsöl zum Braten
- 1 Prise Salz

Kräuter-Creme:
- 300 g Crème fraîche
- ½ Bund Dill, grob gehackt
- 1 Zitrone, Abrieb

Allgemein:
- Meersalz, nach Geschmack
- Pfeffer aus der Mühle, nach Geschmack
- Kerbel, Dill, Estragon, zum Garnieren

Wein:
Zu diesem Gericht empfehlen wir einen kräftigen Roten – wie wäre es zum Beispiel mit einem Spätburgunder?

Alternative Fischarten:
Eine große Meerforelle oder eine große Lachsforelle

den. Der Autor selbst findet eine selbst gefangene Meerforelle unwiderstehlich! Nach dem Beizen die Mischung sanft vom Filet entfernen und anschließend behutsam mit klarem Wasser abspülen und trocken tupfen. Dann den gebeizten Lachs wieder aufs Blech legen, den Schlauch der Rauchpfeife so auf den Rand des Backblechs legen, dass er ein Stück hineinragt, anschließend das Blech fest mit Klarsichtfolie verschließen. Die Rauchpfeife mit Buchenholz befüllen, die Pfeife anzünden und den Rauch einströmen lassen. Danach den Schlauch der Pfeife unter der Folie herausziehen und die entstandene Öffnung schnell wieder verschließen, damit bloß kein würziger Rauch entweichen kann. Wer kräftiges Raucharoma bevorzugt, gibt den Lachs nun nochmals über Nacht in den Kühlschrank.

Für den Salat das Grün der Fenchelknolle abzupfen, den Fenchel längs halbieren, dünn hobeln und ins Eiswasser geben. Eine Orange filetieren, danach die andere auspressen. Die Orangen-Filets im Orangensaft aufbewahren. Für die Marinade das Fenchelgrün fein hacken und die Orangenfilets aus dem Saft nehmen. Olivenöl und den Orangensaft, in dem die Orangen-Filets aufbewahrt wurden, miteinander verrühren. Mit Salz und Pfeffer abschmecken. Fenchel aus dem Eiswasser nehmen, trocken tupfen und mit der Marinade vermengen. Orangen-Filets hinzugeben. Blattpetersilie zupfen und über den Orangen-Fenchel-Salat geben.

Für die Rösti Kartoffeln schälen, in feine Streifen hobeln, die Masse in einem Geschirrhandtuch ausdrücken. Die Flüssigkeit, die dabei herausläuft, in einer Schüssel auffangen. Die Kartoffelstärke, die sich nach wenigen Minuten am Boden absetzt, gibt eine herrliche Bindung und wird deshalb wieder der Kartoffelmasse hinzugefügt. Ordentlich Öl in einer beschichteten Pfanne erhitzen. Einen Vorspeisering in die Pfanne setzen und die Kartoffelmasse so in Form bringen, die Masse etwa drei Zentimeter hoch einfüllen und gut andrücken. Den Ring entfernen und die so entstandenen Kartoffelrösti ganz langsam goldgelb ausbacken. Wichtig dabei ist, die Rösti behutsam zu garen, sonst bleiben sie innen roh und verbrennen von außen. Dieser Vorgang dauert wenigstens zehn, besser 15 Minuten lang! Rösti nach dem Ausbacken auf einem Küchentuch abtropfen lassen. Anschließend leicht salzen.

Während die Rösti ausbacken, den Lachs in Tranchen schneiden (à 30 Gramm). Rösti auf einen Teller geben, eine Tranche Lachs daraufsetzen und mit einem Klecks Kräuter-Creme garnieren. Den Orangen-Fenchel-Salat als kleines Nest nebenbei auf dem Teller anrichten. Sehr gut passt hier auch ein Löffelchen mit gesalzenem Forellen- oder Saiblings-Rogen on top auf die Lachsrösti! Alternativ können Sie Rösti und Lachs auch längs nebeneinander auf einem rustikalen Holzbrett anrichten und den Salat mit der Kräuter-Creme daneben servieren.

Spezielles Zubehör für dieses Rezept:
Einen Vorspeisering aus Edelstahl haben Sie ja vielleicht noch in Ihrem Küchenzubehör – vor allem dann, wenn Sie gerne richtig runde Spiegeleier mögen! Weniger häufig in unseren Küchen dürfte jedoch die Räucherpfeife verbreitet sein. Die hat weniger etwas mit Hippie-Kult als vielmehr mit dem Trend zur molekularen Küche zu tun, denn hier findet sie häufig ihren Einsatz, um Speisen eine gewisse Räuchernote zu verleihen. Schon für 20 Euro bekommen Sie so ein Teil im modernen Küchenbedarf. Und dafür kaufen Sie sich zugleich die Erleuchtung mit ein, wie einfach und effizient kalträuchern ohne Räucherofen sein kann!

Einfach Beizen: Salz und Zucker – und zum Verfeinern Lorbeer, Fenchelsaat und Pfefferkörner.

Lachsfilet mit Frühlingszwiebeln

an Tomaten-Hollandaise

An manchen Tagen muss es schnell gehen! Im Markt um die Ecke bekommen Sie täglich frisch alle Zutaten für unser leckeres und kerngesundes Blitzgericht. Den Lachs zumeist auch – oder eine schöne große Forelle haben wir vom letzten Angeltag noch frisch im Kühlschrank. Pfiffig ist die rote Buttersauce, die dem Gericht seinen Charakter verleiht und die Aromen gekonnt miteinander verbindet.

Salzwasser für die Frühlingszwiebeln aufstellen. Butter in einem hohen Topf aufsetzen und langsam schmelzen. Die Eigelbe zusammen mit dem Weißwein in einem kalten Topf aufsetzen, langsam erwärmen und die Masse kräftig und unter ständigem Rühren mit einem Schneebesen aufschlagen. Wenn die Eigelb-Masse anfängt zu binden, nach und nach und unter ständigem Rühren die flüssige, zwischenzeitlich aber etwas abgekühlte Butter tröpfchenweise einträufeln. Dabei weiter kräftig mit dem Schneebesen arbeiten. Temperatur auf schwache Hitze reduzieren, Limettensaft und Tomatenmark hinzufügen, mit Salz und Pfeffer abschmecken. Die fertige Hollandaise vom Herd nehmen.

Den Lachs trocken tupfen und auf der Hautseite in einer heißen Pfanne mit Öl etwa sechs Minuten lang anbraten.

Die äußeren Blätter des Lauchs entfernen, die Stangen gründlich putzen und kurz in kochendem Wasser blanchieren. Lachs nach sechs Minuten in der Pfanne umdrehen, den blanchierten Lauch, angedrückten Rosmarin, Thymian und Knoblauch dazu in die Pfanne geben. Jetzt alles zusammen für weitere zwei Minuten zu Ende braten.

Den Lachs neben dem Lauchgemüse und der Sauce anrichten.

Zutaten (für 4 Personen):

Zeitaufwand: 20 Minuten

Fisch:
- 4 frische Lachsfilets zu je 200 g mit entschuppter Haut
- Olivenöl zum Braten
- Grobes Meersalz, nach Geschmack

Gemüse:
- 400 g Frühlingszwiebeln
- 2 Zweige Rosmarin
- 2 Zweige Thymian
- 2 Knoblauchzehen

Sauce:
- 400 g Butter
- 6 Eigelb
- 200 ml trockener Weißwein
- Saft einer frischen Limette, nach Geschmack
- 2 EL Tomatenmark
- Salz, nach Geschmack
- Weißer Pfeffer, nach Geschmack

Wein:
Genießen Sie zu diesem leichten Fischgericht einen gut gekühlten, frischen Sauvignon Blanc

Alternative Fischarten:
Meerforelle, Lachs- und Regenbogenforelle, Saibling

Der Hornhecht

der mit den grünen Gräten

Hornhechte gehört zu den besonders markanten Fischen, die einem sofort auffallen, wenn sie irgendwo in der Fisch-Auslage eines Geschäftes liegen. Wir Angler kommen im Frühjahr oft in den Genuss wahrer Massenfänge dieses langen, schlanken Fisches mit dem silbernen Schuppenkleid und seinem schnabelähnlichen Maul. Dann kommt er aus den Tiefen des Ost-Atlantiks an die flachen Küsten von Nord- und Ostsee, um dort in den Seegraswiesen zu laichen. Die weiblichen Fische stellen dann immer die Vorhut dar und sind wesentlich größer als die Männchen, die mit einigen Tagen Verzögerung an den Küsten ankommen, um den Rogen der Weibchen mit ihrer Milch zu befruchten. Ein ausgewachsenes Weibchen kann durchaus einen Meter oder sogar noch etwas länger sein. Es hat im Vergleich zu den Milchnern einen höheren Fettgehalt und ist einfach wesentlich dicker im Fleisch. Angler selektieren somit häufig ihren Fang und entnehmen die Weibchen für die Küche. Der Küchenwert des Hornhechtes ist einmal gekennzeichnet durch ein recht wohlschmeckendes Fleisch, das in Konsistenz und Geschmack an Meeräschen erinnert. Allerdings leider auch durch sehr viele Gräten, die sich durch die gesamte Muskulatur des Fisches hindurchziehen. Die sind immerhin sehr gut zu sehen, da sie sich beim Kontakt mit dem Sauerstoff der Luft auffällig grün verfärben. Das passiert auch mit den Schuppen, wenn wir sie vom frisch gefangenen Hornhecht entfernen. Beides beeinträchtigt die Qualität des Fisches nicht und hängt lediglich mit einem besonderen Abbauprozess des Blutfarbstoffes zusammen. Während man den Hornhecht in Südeuropa oft als Speisefisch angeboten bekommt, ist er hierzulande oft nur uns Anglern vorbehalten oder ist direkt bei einem Ostsee-Fischer zu erstehen. In der Gastronomie gibt es in Vorpommern den Hornhecht manchmal in Aspik eingelegt und im westlichen Teil der Ostsee auch heiß geräuchert. Aus dem Rauch sollten Sie den Hornhecht unbedingt noch warm verzehren, da Sie beim erkalteten Fisch kaum noch eine Chance haben, die Gräten aus dem festen Fleisch zu lösen. Sehr gut schmeckt der Fisch mit dem festen, weißen Fleisch aber auch, wenn er in daumenlange Stücke geschnitten und kurz in Butter gebraten wird. Die Haut neigt dazu dabei herrlich kross werden! Wir haben den exotischen Küchenfisch deshalb auch einmal für Sie gebraten und zeigen Ihnen eine weitere Variation, bei der wir den Bartfisch in einem sauren Sud servieren.

WAS PASST ZUM HORNHECHT?

Der Geschmack des Fisches ist durchaus eigen und hat eine spezielle, kräftige Note. Daher sind deftige Beilagen wie eingelegtes Gemüse, Bratkartoffeln oder auch eine gehaltvolle Soße durchaus zu empfehlen. Auch Soßen der Gemüse in süß-sauer passen ganz hervorragend zu dem charakterstarken Fischfleisch.

WAS BRAUCHT MAN AN WERKZEUG?

Hornhechte sind nach dem Fang nur schwer zu bändigen. Angler verzichten auf das Keschern, da sich der bezahnte Schnabel dabei hoffnungslos in den Maschen des Netzes verfängt. Die größte Herausforderung nach dem Abschlagen und Abstechen des quirligen Fisches liegt darin, ihn möglichst ohne bleibende Erinnerung von seinen lose sitzenden, grün anlaufenden Schuppen zu befreien. Die verkleben sich nämlich sofort an allen Oberflächen – auch auf unserer Haut. Ein starker Noppenhandschuh ist daher das richtige Werkzeug, um den Hornhecht noch am Wasser von seinen Schuppen zu befreien.

Eingelegter Hornhecht

und „Bunte Bete“ vom Salzbett

Dieses frische Gericht lebt von seinem Zusammenspiel unter verkehrten Vorzeichen: Hier ist nämlich ausnahmsweise einmal der Fisch die kalte Komponente und das Gemüse als Beilage ist heiß. Ein sehr raffiniertes Essen für das Frühjahr, wenn der Hornhecht an unsere Küsten kommt.

Zwei Tage vor dem Servieren:
Die Hornhechte gründlich entschuppen, ausnehmen und unter fließend kaltem Wasser abspülen, in fingerlange Stücke schneiden und mehlieren. In einer Pfanne Rapsöl erhitzen und die Hornhecht-Stücke rundum goldgelb ausbacken.

Karotten schälen, putzen und in grobe Stücke schneiden. Zwiebeln abziehen, in starke Ringe schneiden und beides mit anderthalb Litern Wasser in einem Topf aufsetzen. Zucker, Salz, Essigessenz, Lorbeerblätter, Pfefferkörner hinzugeben und alles gemeinsam etwa zehn Minuten einkochen lassen. Topf vom Herd nehmen und erst jetzt die Fisch- und Soja-Sauce einrühren.

Die ausgebackenen Hornhecht-Stücke in eine große Schüssel legen, mit dem heißen(!) Sud übergießen und bei Zimmertemperatur abkühlen lassen. Dann mit Klarsichtfolie abdecken und für zwei Tage in den Kühlschrank stellen.

Zutaten (für 4 Personen):

Zeitaufwand: 55 Minuten (ohne Reifezeit)

Fisch zum Einlegen:
- 2 große Hornhechte
- 200 g Mehl zum Mehlieren
- 3 EL Rapsöl zum Ausbacken

Gemüse zum Einlegen:
- 3 große Karotten
- 2 Gemüsezwiebeln
- 100 ml Essigessenz
- 40 g Zucker
- 10 g Salz
- 1,5 l Wasser
- 3 Lorbeerblätter
- 10 Pfefferkörner
- 2 EL Japanische Fischsauce
- 2 EL Soja-Sauce

Gebackenes Gemüse:
- 1 kg Meersalz zum Backen des Gemüses
- 2 mittelgroße Knollen Rote Bete
- 1 mittelgroße Knolle Gelbe Bete
- 5 mittelgroße Kartoffeln
- 1 rote Zwiebel
- Hochwertiges Olivenöl, nach Geschmack
- Grobes Meersalz, nach Geschmack
- Grober gestoßener Pfeffer aus dem Mörser, nach Geschmack
- Kümmel,
- 1 Spritzer weißer Balsamico-Essig

Dip:
- 200 g Crème fraîche
- 1 Bund Schnittlauch
- Salz und Pfeffer, nach Geschmack

Wein:
Zum würzigen Essen passt ein gut gekühlter Rosé-Wein.

Alternative Fischarten:
Sie können dieses Gericht auch mit Rotaugen, Brassen, Rapfen, Döbeln, Alanden oder Barben zubereiten.

Am Tag des Servierens:
Das Meersalz auf einem Backblech verteilen, Bete grob putzen und mit Schale auf das Salzbett legen. Für zwei Stunden bei 180 Grad Ober- und Unterhitze auf der mittleren Schiene im Backofen garen – nach einer Stunde die Kartoffeln mit auflegen.

In der Zwischenzeit Crème fraîche mit Salz und Pfeffer abschmecken. Schnittlauch in feine Ringe schneiden, die rote Zwiebel in Ringe schneiden.

Den Hornhecht mit etwas Sud, eingelegten Karotten und Zwiebelringen auf einem Teller anrichten. Die Bete pellen, achteln, mit ein wenig Olivenöl, Salz, Pfeffer, Kümmel und einem Spritzer weißem Balsamico marinieren, die Ringe der rote Zwiebel hinzugeben. Die Kartoffeln aufbrechen, Crème fraîche und Schnittlauch über die Kartoffeln geben. Alles miteinander anrichten und den kalten Fisch zusammen mit dem warmen Gemüse genießen.

Die Sache mit dem Sud:
Das Besondere am Einlegen in saurem Sud ist, dass die zahlreichen kleinen Gräten weniger beliebter Fische so weich werden, dass sie problemlos mitgegessen werden können! Deshalb ist zum Beispiel die Brasse ein beliebter Einlege-Fisch. Außerdem wird durch die Säure Zellwasser entzogen und der Fisch somit konserviert. Gründlich abgedeckt und vor Luft geschützt, kann der Fisch im sauren Sud leicht zwei bis drei Wochen lang im Kühlschrank aufbewahrt werden.

Herrlich buntes Gemüse auf einem Bett aus grobem Meersalz, saftig-aromatisch gegart!

Gebratener Hornhecht

mit Rhabarber

Rhabarber gehört nicht unbedingt in die klassische Fischküche. Mit dem Hornhecht harmoniert das Stangen-Gemüse aber hervorragend! Und da Rhabarber und Hornhechte beide im Frühling ihre Saison haben, bringen wir sie doch einfach mal zusammen – mit herzhaften Bratkartoffeln und einem frischen Salat.

Rhabarber schälen. Die Abschnitte (Endstücke und Fäden) in Wasser mit Zucker oder Orangensaft aufsetzen und eine halbe Stunde lang kochen lassen. Die geputzten Stangen in mundgerechte Stücke schneiden. Das Kochwasser durch ein Sieb passieren. Zucker in einem Topf karamellisieren und wenn er goldgelb ist, mit einem Schuss Rhabarber-Fond ablöschen. Die Hälfte des klein geschnittenen Rhabarbers hinzugeben und alles zu einer weichen Masse verkochen. Anschließend glatt pürieren, durch ein Sieb passieren, die gewonnene Flüssigkeit in einem Topf aufstellen und die restlichen Rhabarber-Stücke darin etwa 30 Minuten lang bissfest kochen.

Die Kartoffeln in Salzwasser aufsetzen, 25 Minuten lang gar kochen, abgießen und auskühlen lassen.

Die beiden Hornhechte entschuppen, ausnehmen gründlich säubern und in Stücke schneiden.

Speck in feine Scheiben, Zwiebeln in Streifen schneiden. Die abgekühlten Kartoffeln in Scheiben schneiden. Rapsöl in einer Pfanne erhitzen, die Kartoffelscheiben goldgelb ausbacken. Speck und die Zwiebeln zeitgleich in einer anderen Pfanne zusammen braten, bis der Speck ausgelassen ist.

Zutaten (für 4 Personen):

Zeitaufwand: 60 Minuten

Fisch:
- 2 Hornhechte
- Mehl zum Mehlieren
- Rapsöl, zum Ausbacken
- Salz und Pfeffer

Rhabarber & Kompott:
- 5 Stangen Rhabarber
- 500 ml Zucker-Wasser oder Orangensaft
- 50 g Zucker

Bratkartoffeln:
- 8 mittlere Kartoffeln
- 1 kleines Stück Speck
- Grobes Meersalz, nach Geschmack
- 2 rote Zwiebeln
- Schwarzer Pfeffer aus dem Mörser, nach Geschmack
- Rapsöl

Salat:
- 1 Bund Portulak
- 1 EL kalt gepresstes Olivenöl
- 1 EL dunkler Balsamico-Essig

Wein:
Der Hornhecht mit Bratkartoffeln und Gemüse verträgt sich perfekt mit einem würzigen Weißen, am besten einem Glas rheinhessischem Müller-Thurgau.

Alternative Fischarten:
Sie können dieses Gericht auch mit Rotaugen, Brassen, Rapfen, Döbeln, Alanden oder Barben zubereiten.

Zu den Kartoffeln hinzugeben, mit Salz und Pfeffer abschmecken.

Die Hornhecht-Stücke trocken tupfen, mehlieren, das Rapsöl in einer zweiten Pfanne erhitzen und den Fisch langsam rundum goldgelb braten, mit Salz und Pfeffer würzen. Die Bratzeit für einen dicken Hornhecht beträgt insgesamt sechs bis acht Minuten.

Den Portulak in kaltem Wasser waschen, trocken tupfen und einfach nur mit Olivenöl und dunklem Balsamico marinieren.

Den Hornhecht neben den Bratkartoffeln und dem Portulak servieren, das Rhabarber-Kompott separat dazu reichen.

Was ist Portulak?
Portulak ist eine alte Gemüse- und Würz-Pflanze, die sich heute wieder zunehmender Beliebtheit erfreut und auch bei uns wieder kultiviert wird. Häufig findet man Portulak auch wild wuchernd im Garten. Die Blattpflanze mit sehr hohem Gehalt an Vitamin C ist vor allem im mittleren Osten und in Indien in der Küche weitverbreitet.

So müssen Bratkartoffeln aussehen! Die Zwiebeln kommen erst dazu, wenn die Kartoffelscheiben gebräunt sind.

Der Flussbarsch

—— unser heimlicher Champion

Die Angler lieben ihn, seine Schönheit und Kraft sind mit kaum einer anderen einheimischen Fischart zu vergleichen. Deshalb steht der Barsch bei so vielen Petrijüngern so hoch im Kurs, dass sie ihren gestreiften Liebling niemals aufessen würden. Durchaus nachvollziehbar, denn in den allermeisten Gewässern hat ein Barsch mit 35 Zentimetern Länge schon mehr als zehn Jahre Lebenszeit auf dem Buckel! Glücklicherweise sind die Barsch-Bestände in fast allen Gewässern so gut, dass die Entnahme aus rationaler Sicht kein Problem darstellt. Schließlich sind Barsche sogenannte Pionier-Fische, die ein zunächst noch fischleeres Gewässer als erste Fischart besiedeln. Meist wird der Laich dabei über das Gefieder von Enten transportiert. Sogar in einigen Bereichen der Ostseeküste hat sich der Barsch verbreitet und hat keinerlei Probleme mit dem leichten Salzgehalt des Wassers dort. So ist es wenig erstaunlich, dass Barsche im Fischhandel auch fast ausschließlich Wildfänge sind. Allerdings sind Barsche hierzulande kurioserweise Beifang und nur selten in den Auslagen der Fisch-Fachgeschäfte zu finden. Auch auf den Speisekarten der Restaurants überwiegen Pangasius und Tilapia – selbst wenn vor den Türen des Lokals massenhaft Barsche im See herumschwimmen.
Barsche sind kannibalisch und fressen bevorzugt kleine Artgenossen – eben auch, um die Gefahr von Futtermangel bei Überbeständen zu verhindern. Also, liebe Sportfreunde: Greift ruhig mal zu beim nächsten Barsch mit Küchenmaß! Es ist eine der größten Delikatessen, die unsere Gewässer zu bieten haben. Besonders lecker schmecken Barsche aus Gewässern, in denen sie die Bestände der Binnen-Stinte als Nahrungsquelle entdeckt haben. Dies ist in einigen Naturseen Schleswig-Holsteins und Dänemarks der Fall. Auch lieben Barsche Krebse, was sich ebenfalls bei starker Krebs-Population sehr positiv auf Geschmack und Färbung des Barschfleisches auswirkt. Auch Vorpommerns Bodden-Barsche, die sich an kleinen Heringen und Sprotten verköstigen, gelten als besonderer Leckerbissen. In unseren großen Strömen spielt ein guter Barschbestand eine wertvolle Rolle zur Bekämpfung der massenhaft verbreiteten, nicht einheimischen Schwarzmund- und Kessler-Grundeln. Barsche fressen diese Grundeln sehr gern und sie wachsen aufgrund der neuen, schier unerschöpflichen Nahrungsquelle auch deutlich schneller ab. Eine zunächst also positive Wechselwirkung, die man aufgrund der Gefährlichkeit der Grundeln als Laichräuber keinesfalls glorifizieren sollte. Daher gibt's später in diesem Buch noch ein ganz tolles Rezept, um Grundeln auch auf unseren Speiseplan zu bringen!

WAS PASST ZUM BARSCH?

Flussbarsche haben ein wunderbar festes und schmackhaftes Fleisch, mit einem dünnen Fettfilm unter der Haut. Daher Barsche immer entschuppen (auch wenn's mühsam ist) und auf der Haut braten! Auch gedünstet oder vom Grill sind Barsche ein Genuss. In der Schweiz gilt Barsch („Egli") als absolute und teure Delikatesse. Als Beilagen werden zum gebratenen Barschfilet dort Gemüse und Kartoffeln mit einer leichten, weißen Soße serviert. Ideal, um den zarten Geschmack des Fisches nicht zu überspielen.

WAS BRAUCHT MAN AN WERKZEUG?

Barsche kommen mit 25 oder 30 Zentimetern Länge auf den Tisch. Hier genügt ein kleineres, scharfes Messer mit starker Klinge zum Abtrennen des Kopfes und zum Durchtrennen der Rückengräte. Ein Filetiermesser mittlerer Größe hilft beim Abtrennen der Filets. Das Entschuppen sollte am ganzen Fisch, unter fließendem Wasser und mit einem starken Fisch-Schupper erledigt werden.

Graff

Barsch

nach Abenteuer-Art

Dieses Gericht haben wir draußen, am offenen Lagerfeuer für Sie zubereitet, was ihm einen rustikalen Kick gibt. Auch wenn Kartoffeln aus der Glut wirklich am besten schmecken, kann dieses Rezept natürlich genauso am heimischen Herd nachgekocht werden!

Bitte dran denken:
Draußen zu schmausen ist wunderbar – wenn man die Regeln einhält und beim Kochen keinen Brand verursacht! Bei trockener Witterung, Waldbrandgefahr und selbstverständlich beim Verbot offenen Feuers lassen sich alle unsere Outdoor-Gerichte in diesem Buch ebenso gut in der Küche zu Hause nachkochen. Sollten Sie keine geeignete Pfanne für das offene Feuer zur Hand haben, sind auch die klassischen Grillgabeln für Fisch sehr empfehlenswert. Daraus schmeckt unser Barsch besonders lecker, wenn wir ihm noch eine zerdrückte Knoblauchzehe, eine Zitronenscheibe und ein paar frische Kräuter in die Bauchhöhle packen. Knoblauch und Zitrone können Sie aber auch immer in der Pfanne mitbraten, denn diese Zutaten aromatisieren auf sehr einfache Art und Weise das Brat-Öl und somit auch unseren Fisch.

Die Kartoffeln ins Feuer geben (oder 25 Minuten lang kochen).

Die Barsche entschuppen, ausnehmen, gründlich waschen und trocken tupfen. Wer möchte, kann den Fisch auch relativ leicht als Doppelfilet zubereiten (siehe Foto Seite 86).

Alle frischen Kräuter fein hacken und mit der Créme fraîche vermengen. Mit Salz und Pfeffer abschmecken.

Das Öl in einer gusseisernen Pfanne erhitzen, den Barsch mit der Hautseite nach unten in die Pfanne

Zutaten (für 4 Personen):

Zeitaufwand: 35 Minuten

- 4 Barsche, mindestens 25 cm
- 2 EL Rapsöl zum Braten
- 4 mittelgroße Grill-Kartoffeln
- 1 Bund Kerbel
- 1 Bund glatte Petersilie
- 1 Bund Schnittlauch
- 400 ml Créme fraîche
- Grobes Meersalz, nach Geschmack
- Schwarzer Pfeffer aus dem Mörser, nach Geschmack
- sauer eingelegte Gurken

Getränke-Empfehlung:
Genießen Sie dieses herrlich leichte Sommergericht gerne mit einem kühlen Pils unter freiem Himmel. Auch ein frischer Riesling passt sehr gut, wenn Sie sich die Mühe machen und ihn draußen servieren möchten.

Alternative Fischarten:
Sie können dieses Gericht auch mit einer nicht allzu großen Forelle, Hering oder Makrele umsetzen. Doch auch grätenreichere Fische wie Rotaugen oder Döbel sind prima „Lagerfeuer-Fische"!

legen. Erst nach etwa sechs Minuten wenden, wenn sich das Fleisch an der Oberseite fast weißlich verfärbt. Etwa zwei Minuten lang zu Ende garen und mit Meersalz und Pfeffer würzen.

Die Kartoffeln nach etwa 30 bis 40 Minuten aus dem Feuer holen, Asche von der verkohlte Schale grob abkratzen und in der Mitte aufbrechen. Zusammen mit dem Barschfilet, den sauer-eingelegten Gurken und der Wildkräuter-Créme anrichten.

Knusprig auf der Haut gebraten – der Barsch macht als Fisch in der Küche immer eine gute Figur.

Barsch mit Focaccia

„urban style“

Der Clou bei diesem ehrlich frischen Rezept ist das köstliche italienische Focaccia-Brot, das wir in einer leeren Bierdose am Lagerfeuer backen. Ein frisches Pesto gelingt auch draußen immer. Und dass frischer Fisch unter freiem Himmel am besten mundet, dürfte kein Geheimnis sein!

Wir beginnen mit dem Focaccia-Brot „urban style“. Dazu geben wir Hefe und Zucker in eine Schüssel und lösen beides in lauwarmem Wasser auf. Nach fünf Minuten diese Lösung gemeinsam mit Mehl und Salz so lange verkneten, bis sich der Teig langsam verbindet. Jetzt das Olivenöl hinzugegeben und alles gründlich kneten und für eine halbe Stunde gehen lassen. Zwischenzeitlich schneiden wir unsere Bierdose mit einer starken Schere längs in der Mitte auf, waschen sie aus und bestreichen die Innenseiten mit etwas Öl. Der Brotteig wird nach der Ruhezeit in die beiden Dosenhälften gedrückt und am Rande unseres Feuers für etwa 30 Minuten in der Glut gebacken.

In der Zwischenzeit entschuppen wir unseren Barsch, nehmen ihn sorgfältig aus, spülen ihn mit Wasser ab und reiben ihn mit einem Küchentuch trocken. Jetzt ab mit dem frischen Fisch auf die Glut unseres Grills oder Lagerfeuers (falls erlaubt und ungefährlich). Die Hitze sollte nicht mehr zu hoch sein, damit der Fisch nicht an der Haut verbrennt und innen noch roh ist. Insgesamt braucht ein Barsch mittlerer Größe etwa zehn Minuten, um rundum knusprig und innen schön saftig zu sein.

Zutaten (für 4 Personen):

Zeitaufwand: 60 Minuten

Fisch:
- 4 mittelgroße Barsche
- Öl zum Braten

Brot:
- 10 g frische Hefe
- 1 TL Zucker
- 300 ml Wasser
- 500 g Weizenmehl
- 1 TL Salz
- 1 leere Bierdose, halbiert
- 4 EL Olivenöl

Gemüse:
- 2 rote Paprikaschoten
- 2 gelbe Paprikaschoten

Pesto:
- 200 g Pinienkerne
- 200 g Parmesan
- 100 ml hochwertiges Olivenöl
- 1 Bund Basilikum
- 4 Knoblauchzehen

Allgemein:
- Grobes Meersalz, nach Geschmack
- Schwarzer Pfeffer aus dem Mörser, nach Geschmack
- Frischer Rosmarin zum Garnieren

Getränke-Empfehlung:
Bierchen oder weißer Wein – der Barsch vom Grill schwimmt gerne in beidem!

Alternative Fische:
Forelle, Hering oder Makrele, Rotaugen oder Döbel

Die Paprikaschoten schneiden wir in breite Streifen und entkernen sie, bevor wir sie ebenfalls auf den Grillrost legen und kräftig angrillen – fünf Minuten sollten reichen.

Für unser Pesto geben wir alle Zutaten, inklusive der grob gehackten Basilikum-Blätter und Stängel, in einen Mörser und zerstoßen alles sorgfältig, bis eine breiige und intensiv duftende Masse entsteht. Das Olivenöl wird nach und nach eingearbeitet.

Den Barsch mit dem Grillgemüse und dem Pesto anrichten, beides mit Salz und Pfeffer nach Belieben würzen. Dazu unser frisch gebackenes „Dosenbrot“ reichen und mit dem Rosmarin garnieren.

Ein kleines Feuerchen (wo erlaubt) mit leckerem Bratfisch ist gut für unsere Seele ...

Makrele & Hering

kleine Fische ganz groß

Beide Fischarten sind gebraten, geräuchert, mariniert, gegrillt und gedünstet ein Erlebnis für den Gaumen! Und die riesigen Schwärme beider Fischarten bilden im Atlantik sowie in Nord- und Ostsee eine wichtige Nahrungsgrundlage für Seelachs, Dorsch und Co. Das war's dann aber auch schon mit den Gemeinsamkeiten von Makrele und Hering, denn beide Arten unterscheiden sich deutlich voneinander: Für die leichte Küche sind beide Fischarten eher weniger gut geeignet, denn sie haben ordentlich Muskelfett und jede Menge Kalorien. Die Makrele ist mit 260 Kalorien auf 100 Gramm deutlich vor dem Hering (155) und auch der Fettgehalt ist mit 18 Prozent fast doppelt so hoch wie beim Hering (9 Prozent). Auch wenn ein Atlantischer Hering aus Norwegen durchaus mal ein Kilo schwer und mit 45 Zentimetern Länge ein ganz schöner Latschen werden kann – auch hier legt die Makrele noch eine Schippe drauf: 55 Zentimeter lang und fast vier Kilo schwer kann der Mini-Thunfisch werden! Ja, sie haben richtig gelesen – Makrelen stammen aus der Familie der Thunfische und haben genau wie diese keine Schwimmblase. Um sich im Freiwasser zu halten, müssen Makrelen also ständig in Bewegung sein und schwimmen, was bereits den hohen Nährwertgehalt im Muskelfleisch erklärt. Heringe haben es da besser, denn sie besitzen eine Schwimmblase und haben als ein Teil der Familie der „Heringsartigen" auch eine eigene Klassifizierung im Fischreich. Bevor wir uns über das Fett im Hering oder in der Makrele nun aber ängstigen, seien Sie bitte beruhigt! Es handelt sich, wie fast immer bei Fischfett, um hochwertige und gesunde ungesättigte Fettsäuren. Verzichtet man bei der Zubereitung nun auf fette Soßen und Panaden, die in Butterschmalz ausgebacken werden, sind beide Fische ideal für Patienten mit hohem Blutdruck und hohen Cholesterin-Werten. Außerdem schützen die wertvollen Omega-3-Fettsäuren vor Ablagerungen in den Blutgefäßen. Grundsätzlich ist die Makrele etwas gesünder, denn Heringe bringen auch ordentlich Natrium auf den Tisch! Gesundes Jod und die Vitamine A und B gleichen diesen Makel allerdings wieder ein wenig aus. Im Vergleich ist die Makrele auch ein wenig grätenärmer als der Hering und das gegarte Fleisch ist besser von der Mittelgräte zu lösen. Bei kleineren Heringen, zum Beispiel dem besonders schmackhaften Ostsee-Hering, essen viele Genießer die kleineren Gräten einfach mit und legen nur die Mittelgräte und die Bauch-Rippen beiseite. Auf der Haut gebraten werden beide Fischarten herrlich knusprig, wobei die Makrele lediglich gründlich geschrubbt, der Hering aber unbedingt geschuppt werden muss. Die ideale Methode zum Ausnehmen ist das „Zupfen". Dazu wird der Rumpf des Herings oder der Makrele hinter dem Kopf durch das Rückgrat eingeschnitten, ohne dabei die am Schlund hängenden Innereien zu verletzen. Diese können jetzt mühelos zusammen mit dem Kopf entfernt (also aus der Bauchhöhle „herausgezupft") werden. Der große Vorteil dabei ist, dass sich die zusammenhängenden Bauchlappen bei der Garung der Fische im Ganzen nicht mehr zusammenrollen können! Auf diese Weise kann allerdings nicht der beliebte Rogen oder die Milch des Herings entfernt werden. Dazu schneiden Sie bitte nach dem Zupfen die Bauchhöhle vorsichtig auf und entnehmen die prallen Stränge.

WAS PASST ZU MAKRELE UND HERING?

Wie bei allen herzhaften Fischarten ist hier alles gestattet, was dem Esser gefällt. Selbst mit scharf gewürzten Zutaten und sauren oder süßen Beilagen bleibt der Charakter beider Fische erhalten und wird zumeist unterstützt. In Skandinavien werden beide Fische gerne als süße Happen in zuckerhaltigen Marinaden serviert – das ist allerdings Geschmackssache.

WAS BRAUCHT MAN AN WERKZEUG?

Heringe und Makrelen sind leicht zu verarbeiten und stellen keine besonderen Anforderungen. Filets werden einfach von der Gräte geschnitten, zumeist werden die kleineren Fische, die typischerweise 25 bis 35 Zentimeter Küchenmaß haben, aber am Stück serviert. Zum Ausschaben der Bauchhöhle empfiehlt sich ein kleiner Teelöffel, zum Abschrubben der Niere (der blutige Strang direkt unter der Mittelgräte) eine Zahnbürste.

Hering

—— „Alter Schwede!“

Ein Essen wie ein guter Freund! Ehrliche Bratkartoffeln, knusprig gebratene Heringsfilets mit knackigem Bohnengemüse und einer kalt angerührten Senfsauce. Das schmeckt schon verdächtig nach Urlaub in den schwedischen Schären ...

Einen großen Topf mit Salzwasser aufsetzen. Die jungen Kartoffeln gründlich abschrubben und etwa 20 Minuten lang mit der Schale gar kochen.

Die Zwiebeln schälen und in feine Ringe schneiden. Beide Bohnensorten putzen und nach eigenem Geschmack klein schneiden oder nur halbieren. Dann in einem Topf mit Salzwasser blanchieren und kurz in Eiswasser abschrecken. Anschließend auf einem Geschirrhandtuch zum Abtropfen ausbreiten.

Die Heringe könnte man am Stück braten und auf dem Teller im gebratenen Zustand von der Gräte lösen. Noch knuspriger und mundgerechter wird der kleine Fisch allerdings, wenn wir ihn als Doppelfilet vorbereiten – wie wir es vom Matjeshering kennen. In unserer kleinen Foto-Anleitung sehen Sie, wie man die Gräten entfernt.

Crème fraîche mit den beiden Senf-Sorten vermengen und mit Salz und Pfeffer abschmecken.

Die Kartoffeln abschütten und trocken tupfen. Dann in einer heißen Pfanne mit Olivenöl samt Schale braten, Rosmarinzweige und die angedrückten Knoblauchzehen hinzugehen und alles ordentlich durchschwenken.

Zutaten (für 4 Personen):

Zeitaufwand: 50 Minuten

Fisch:
- 4 frische, ausgenommene Heringe
- 75 g Roggenschrot, grob
- 75 g Weizenschrot
- 2 EL Rapsöl zum Braten

Kartoffeln:
- 20 kleine Kartoffeln
- Olivenöl zum Braten
- 2 Zweige Rosmarin
- 2 Knoblauchzehen, angedrückt

Bohnengemüse:
- 2 rote Zwiebeln
- 250 g Schnibbel-Bohnen
- 250 g grüne Bohnen
- Eiswasser zum Abschrecken
- 50 ml Himbeer-Essig
- Olivenöl zum Braten
- 500 g Bohnenkraut

Senf-Dip:
- 300 g Crème fraîche
- 40 g mittelscharfer Senf
- 40 g grober Senf

Allgemein:
- Grobes Meersalz, nach Geschmack
- Schwarzer Pfeffer aus der Mühle, nach Geschmack

Getränke-Empfehlung:
Zu deftigem, gebratenem Hering passt entweder ein kräftiger Rotwein (zum Beispiel ein Schwarzriesling) oder ein schönes kaltes Kölsch!

Alternative Fischarten:
Kleine Makrelen, Stinte oder Rotaugen

Das Getreide im Mörser oder in der Küchenmaschine gründlich schroten. Die Heringsfilets anschließend in dem groben Schrot beidseitig wälzen. Die Heringe in Öl in einer Pfanne sechs bis acht Minuten lang knusprig braten.

Eine dritte Pfanne mit Öl aufsetzen, die Zwiebelringe hinzugeben und mit Himbeer-Essig ablöschen. Jetzt die Bohnen in die Pfanne und alles mit gezupftem Bohnenkraut, Salz und Pfeffer abschmecken.

Die knusprigen Heringsfilets mit der Hautseite nach oben anrichten, die geschwenkten Kartöffelchen und das deftige Bohnengemüse danebengeben.
Mit dem Senf-Dip servieren.

1

2

3

Herings-Stulle

„Niörd“

Die nordische Gottheit für das Meer und die Seefahrt ist der Namensgeber für unser rustikales Bauernbrot mit eingelegtem Pfeffer-Hering und feurigen kleinen Pfefferschoten, den „Pimentos de padrón“. Aber keine Angst, die Mischung aus nordischer Kühle und dem feurigen Temperament Spaniens wird Ihnen gefallen!

Drei Tage vor dem Servieren:
Heringe filetieren als Doppelfilet, wie im Rezept „Hering Alter Schwede“ beschrieben. 120 Gramm Salz in 1,6 Liter warmem Wasser auflösen. Salzwasser abkühlen lassen und Essig-Essenz untermischen. Darin die 20 Doppelfilets für zwei Tage einlegen. Am besten funktioniert das in einem hohen Gefäß aus Edelstahl oder Steingut, in dem wir die Fische so schichten können, dass die Flüssigkeit jedes Doppelfilet umhüllt. Die Oberfläche der Flüssigkeit decken wir luftdicht mit Klarsichtfolie ab und legen einen Deckel oder ein Holzbrett auf. Während der beiden Tage die Filets im Kühlschrank bei etwa acht Grad ruhen lassen, danach die Flüssigkeit abgießen.

Nun 100 Gramm Zucker in anderthalb Litern warmem Wasser auflösen und danach abkühlen lassen. Den Pfeffer grob im Mörser zerstoßen. Die Zwiebeln schälen, in dünne Ringe schneiden. Das Herings-Gefäß nun erneut verwenden. Die Filets jetzt mit der Hautseite nach unten legen, jedes Doppelfilet dünn mit dem groben Pfeffer bestreuen und mit den Zwiebelringen belegen – so werden die Filets immer weiter aufgeschichtet. Erst abschließend die Zuckerlösung vorsichtig am Rand des Gefäßes über die geschichteten Doppelfilets laufen lassen, damit der Belag nicht von den Filets geschwemmt wird. Wieder alles sorgfältig mit Folie und Deckel verschließen und für weitere 24 Stunden im Kühlschrank ruhen lassen. Danach sind die Pfeffer-Heringe fertig zum Genuss! Wenn nicht gleich alle Doppelfilets benötigt werden, können sie abgedeckt in der Flüssigkeit für etwa zwei Wochen im Kühlschrank aufbewahrt werden.

Zubereitung am Tag des Servierens:
Für das Sambal Schalotten, Knoblauch und Tomaten nach und nach in heißem Sonnenblumen-Öl

Zutaten (für 4 Personen – Heringe werden auf Vorrat eingelegt): Zeitaufwand: 50 Minuten (ohne Reifezeit)

Fisch und Einlage für den Sud:
- 20 Heringe
- 120 g Steinsalz
- 3,1 l Wasser (1,6 l plus 1,5 l)
- 400 ml Essigessenz
- 100 g Zucker
- 100 g schwarzer Pfeffer aus dem Mörser
- 3 Gemüsezwiebeln

Sambal:
- 300 g Schalotten, geschält
- 10 g Knoblauch, geschält
- 200 g Datteltomaten
- 1 l Sonnenblumen-Öl
- Oliven-Öl
- 2 EL Soja-Sauce
- 1 frische Limette
- Eine Handvoll frisch gehackter Koriander
- 1 Prise Chili-Pulver
- 1 EL Meersalz

Brot:
- 1 Bauernbrot
- 100 g Butter

Pimentos:
- 20 Pimentos de padrón
- 1 EL Olivenöl zum Anbraten
- 10 g Honig
- Grobes Meersalz, nach Geschmack

Getränke-Empfehlung:
Mit einem Bierchen lässt es sich zünftig auf den nordischen Gott der Meere anstoßen – Prost!

Alternative Fischarten:
Das Einlegen roher Fische ist eine klassische Zubereitungsform für Hering. Man könnte alternativ auch noch Sardinen verwenden.

(Zahnstocher-Probe, wenn sich Bläschen am Holz bilden, ist die richtige Temperatur erreicht) goldgelb ausbacken und auf Küchenkrepp abtropfen lassen.

Die ausgebackenen und etwas abgekühlten Zutaten zusammen mit etwas Olivenöl mit dem Stabmixer pürieren und mit Soja-Sauce, Limettensaft, Koriander, Chili-Pulver und Salz abschmecken.

Für unsere rustikale Herings-Stulle schneiden wir das Brot in daumendicke Scheiben und buttern es ordentlich. Derweil die Pimentos in einer Pfanne mit Olivenöl leicht anbraten, den Honig hinzugeben, leicht karamellisieren lassen und mit grobem Meersalz würzen. Jeweils ein Heringsfilet auf dem gebutterten Brot anrichten, mit den Zwiebeln aus der Fisch-Einlage garnieren. Zu guter Letzt mit dem Sambal beklecksen und mit den Pimentos de padrón servieren.

Was sind Pimentos de padrón?
Diese kleinen grünen Paprikaschoten stammen aus der Region um die galizische Stadt Padrón. Als Besonderheit dieser Paprika-Früchte schätzen die Spanier das Roulette um den Schärfegrad – denn Früchte aus gleicher Ernte können eine sehr unterschiedliche Wirkung auf der Zunge hinterlassen!

Beim Anrichten einer „Fisch-Stulle" zeigt sich die hohe Profesionalität von Sebastian – und seine Liebe zum Hering.

Makrelentatar

—— mit Gurken-Dill-Vinaigrette

Eine sommerlich leichte Vorspeise, die genau in die Haupt-Saison der Makrelen an unseren Küsten passt. Es gibt nur wenige Fische, die ein so aromatisches Fleisch zum Rohessen haben wie die Makrele. Eigentlich kein Wunder, denn sie kommt aus der Familie der Thunfische!

Drei unserer rohen Kartoffeln dünn hobeln, in heißem Pflanzenöl etwa eine Minute lang frittieren und auf Küchenkrepp das überschüssige Öl auffangen. Die restlichen Kartoffeln schälen und in Salzwasser kochen. Anschließend ein wenig auskühlen lassen, grob stampfen und die Crème fraîche dazugeben.

Den Schnittlauch in kleine Scheiben schneiden.

Die beiden Makrelen filetieren und mit einer Pinzette alle Gräten ziehen. Haut entfernen und die Filets in kleine Würfel schneiden. Die Makrelenwürfel zusammen mit dem Schnittlauch, Olivenöl, Pfeffer und Salz marinieren und ein wenig ziehen lassen.

Das Kartoffel-Stampf in vier Vorspeisen-Ringen bis etwa zur Hälfte anrichten und schließlich mit den Makrelenwürfel auffüllen.

Für unsere Vinaigrette die ganze Gurke und den Dill in den Entsafter geben und den Saft in einer Schüssel auffangen. Das Olivenöl, zwei große Prise Meersalz und den Saft einer halben Zitrone dazugeben, mit einem Mixstab schaumig rühren.

Etwas Vinaigrette in ein Vorspeisen-Schälchen geben, das Makrelen-Kartoffel-Küchlein aufsetzen, den Ring entfernen und mit Kresse sowie unseren krossen Kartoffelchips liebevoll garnieren.

Zutaten (für 4 Personen):

Zeitaufwand: 30 Minuten

Fisch:
- 2 ganze Makrelen à 500 g
- ½ Bund Schnittlauch
- 1 EL hochwertiges Olivenöl

Kartoffeln:
- 350 g kleine Kartoffeln
- 50 g Crème fraîche

Für die Vinaigrette:
- 1 Salat-Gurke
- ½ Bund Dill
- 100 ml kalt gepresstes Olivenöl
- ½ Bio-Zitrone

Allgemein:
- Meersalz, nach Geschmack
- Pfeffer aus der Mühle
- Kresse zum Garnieren

Wein:
Trinken Sie zu dieser leichten Vorspeise einen schönen, kühlen Grauen Burgunder!

Alternative Fischarten:
Das Tatar lässt sich auch sehr gut aus frischem Lachs oder einer Lachsforelle machen!

Der Waller

grätenfreies Essvergnügen

Die Amerikaner lieben ihren Catfish, am liebsten als paniertes und knusprig ausgebackenes Filet. In Louisiana ist das gewürfelte Fleisch des Catfish die Hauptzutat eines gehaltvollen Eintopfes. Catfish – so lautet auch das Wort, mit dem man den deutschen Namen „Waller" ins Englische übersetzt. Waller ist übrigens Umgangssprache aus dem Bayerischen, denn eigentlich heißt der Raubfisch korrekt „europäischer Wels". Der Unterschied zu seinem amerikanischen Artgenossen und zu den anderen mehr als 3.300(!) Arten, aus denen sich die 38 Familien der Welsartigen zusammensetzen, liegt in seiner monströsen Größe: Die Welse in Europa werden mühelos schwerer als 100 Kilo und messen häufig über zwei Meter! Der amerikanische Catfish wird zu 90 Prozent im Aquafarming produziert und mit einem Gewicht von etwa einem Kilo vermarktet. Auch unser riesiger einheimischer Wels sollte keinesfalls als ausgewachsener Fisch auf den Teller kommen. In der Küche werden zumeist Welse mit 60 bis 80 Zentimeter verwertet, die auch im Fischhandel angeboten werden. Auch unser Wels wird oft in Fischfarmen produziert, da er ein wirklich pflegeleichter Geselle ist. Wildfänge von uns Anglern oder von Berufsfischern kommen auch mal mit über einem Meter Länge in die Küche. Die Erfahrung lehrt jedoch, dass Welse mit zunehmender Größe ein immer fetteres und weicheres Fleisch bekommen. Die Tatsache, dass Welse in unseren Gewässern als mit Abstand größte Raubfische fast ausschließlich nach Fischen jagen, dürfte auch für die Verschlechterung der Fleischqualität im Alter verantwortlich sein. Im Donaudelta beispielsweise gelten auch größere Wildfänge des Wallers als Delikat, da ihr Speiseplan zu einem großen Anteil aus Flusskrebsen gedeckt wird. Wenn Sie mal vor Ort in Rumänien oder Ungarn sind, sollten Sie das mit der regionalen Küche unbedingt einmal vergleichen. Den kleinwüchsigeren amerikanischen Catfish haben wir in einer sehr ähnlichen Art übrigens auch in unseren Gewässern zu Gast – es handelt sich um den Katzenwels. Der schmeckt zwar aus dem heißen Rauch durchaus vorzüglich, ist aber als nicht einheimische Fischart und Laichräuber gefürchtet. Anglerisch sind die nur 40 bis 45 Zentimeter langen Katzenwelse ebenfalls nicht besonders hoch im Kurs – ganz im Gegensatz zum Traum eines jeden Anglers, einmal so ein Monstrum aus dem Rhein oder aus der Donau zu bezwingen. Zur Drucklegung dieses Buches war einer der kapitalsten Fische ein 2,53 Meter langer und 103 Kilo schwerer Wels, den Peter Merkel im Juli 2014 im deutschen Niederrhein fing. Der Europäische Wels stellt sein Wachstum erst mit seinem Tod ein – und er wird 80, vielleicht sogar 100 Jahre alt... Viel Spaß also beim nächsten Badetag am Rheinstrand! Kulinarisch sind die kleineren Exemplare des Welses aber durchaus eine Begegnung wert.

WAS PASST ZUM WELS?

Das Fleisch unseres Wallers ist nicht ganz so fest wie vom Hecht oder Dorsch, hat aber durchaus eine eigene Note. Deshalb macht es sich ganz ordentlich in Eintöpfen, Fischsuppen oder eben in einem würzigen Curry, wie in unserem Rezept. Ansonsten ist der Waller aber auch mit den klassischen Beilagen wie Kartoffeln oder gedünstetem Wurzelgemüse glücklich.

WAS BRAUCHT MAN AN WERKZEUG?

Würden wir einen ausgewachsenen Wels schlachten wollen, bräuchten wir einen Metzger mitsamt dessen Metzgerei. So genügen uns aber zum Glück schon ein kräftiges Messer zum Durchtrennen der Mittelgräte und der Rippen sowie ein Filetiermesser mit großer Klinge. Da beim Wels immer die ledrige, zähe Haut vom Filet entfernt wird, ist zusätzlich ein großes Filetierbrett als Ebene zum Häuten wichtig.

Waller-Curry

Outdoor-Eintopf

Die Explosion der Aromen in einem guten Curry macht diese Kreation in der Küche zu einem Dauerbrenner. Wie lecker das traditionelle Gericht Südasiens jedoch mit Fisch statt Hühnchen oder Fleisch schmeckt, das müssen Sie unbedingt entdecken!

Das Wallerfilet in mundgerechte, nicht zu kleine Würfel schneiden.

Die Paprika waschen, vom Gehäuse befreien und ebenfalls in grobe Stücke schneiden. Frühlingszwiebeln putzen und in vier Zentimeter lange Stücke schneiden. Die Shiitake-Pilze halbieren und die Knoblauchzehen fein mit dem Gemüsemesser hacken.

Das Sesamöl in einem Topf erhitzen, das klein geschnittene Gemüse und die Zuckerschoten im Ganzen hinzugeben. Alles mit Meersalz würzen, scharf anbraten, dann das Curry kurz mit anschwitzen. Mit der Kokosmilch ablöschen und alles zusammen bei geschlossenem Deckel etwa zehn Minuten köcheln lassen. Dann den Fisch hinzugeben und weiter acht bis zehn Minuten im Curry gar ziehen lassen – keinesfalls mehr kochen! Mit Soja- und Fischsauce sowie Limettensaft und Salz/Pfeffer abschmecken. Zum Schluss Koriander und Pak-Choi hinzugeben, beides grob geschnitten.

Das Curry wird im großen Kochtopf angerichtet und es wird sich nach Appetit daraus bedient. Eigentlich stellt das Curry bereits eine vollwertige, nahrhafte Mahlzeit dar. Traditionell wird meist noch Reis dazu gegessen. Kartoffeln oder einfach ein schönes, frisches Weißbrot sind als Beilage aber auch sehr lecker!

Ach ja, wichtiger Hinweis:
Wir haben draußen gekocht – machen Sie das gerne auch! Aber nur in Ihrem eigenen Garten oder dort, wo es sonst noch erlaubt ist! In freier Natur und bei Trockenheit und Waldbrandgefahr rechtfertigt das leckerste Essen kein Risiko. Und die Strafen sind dort, wo es verboten ist, zu Recht empfindlich ...

Zutaten (für 4 Personen):

Zeitaufwand: 20 Minuten

Fisch:
- 600 g Waller-Filet aus dem Rücken, ohne Haut und Gräten

Curry:
- 2 rote Paprikaschoten
- 4 Frühlingszwiebeln
- 300 g Shiitake-Pilze
- 4 frische Knoblauchzehen
- 50 ml Sesamöl
- 300 g Zuckererbsen-Schoten
- Grobes Meersalz, nach Geschmack
- 50 g Curry-Pulver
- 1 l Kokosmilch
- 50 ml Soja-Sauce
- 20 ml Fischsauce
- 1 Limette
- 1 Bund Koriander
- 2 Pak-Choi
- Schwarzer Pfeffer aus dem Mörser, nach Geschmack

Wein:
Dieses duftende, aromatische Curry schreit förmlich nach einem kräftigen Weißen – es schlägt jetzt die Stunde des Muskatweines! Da bleiben wir doch am besten in deutschen Landen und genießen ein Glas Morio Muskat aus dessen Mutterland, der Pfalz.

Alternative Fischarten:
Sie können dieses Gericht auch mit dem festen Filet eines Steinbeißers, Dorsches oder Zanders kochen. Auch Karpfen, sorgfältig entgrätet, ist ein guter Fisch fürs Curry!

Wels

im Maisblatt

Ein Gericht, bei dem uns die Zutaten von Mutter Natur geliefert werden: Der Wels geht uns an einem guten Tag an die Angel, den Mais und das andere Gemüse bekommen wir beim Bauern nebenan. Der Wels im Maisblatt schmeckt nach Weite und Abenteuer …

Die Maiskörner mit einem scharfen Messer vom Kolben herunterschneiden. Rote Zwiebeln schälen und in feine Ringe schneiden. Das Olivenöl in einer Pfanne erhitzen. Die Maiskörner hineingeben und fünf bis sechs Minuten lang anrösten. Mit Salz und Pfeffer würzen, Zwiebelringe hinzugeben, kurz mit braten und alles in der Pfanne mit dunklem Balsamico beträufeln.

Die Maisblätter fächerartig ausbreiten, das Welsfilet auflegen und mit Salz und Pfeffer würzen. Die Zwiebel-Maiskorn-Mischung und einen Koriander-Stängel hinzugeben.

Mithilfe des Garns den Wels und das Gemüse zu einem Maisblatt-Päckchen verschnüren.

Die Wels-Päckchen mit dem Fischfilet nach unten auf den Grillrost legen und gute 20 Minuten lang garen lassen.

Den Wels richten wir ganz rustikal direkt im geöffneten Päckchen aus Maisblättern an – wie es sich für ein Essen draußen am Feuer gehört! Natürlich wieder unter Beachtung aller Vorschriften und Vorsichtsmaßnahmen, was den Umgang mit offenem Feuer unter freiem Himmel angeht. In der Küche lässt sich der Fisch sehr gut im Backofen bei 140 Grad garen, sehr gut auf einem Backblech mit Salz-Bett!

Zutaten (für 4 Personen):

Zeitaufwand: 30 Minuten

- 4 gleich starke Welsfilets, ohne Haut und Gräten
- 2 frische Gemüse-Maiskolben
- 2 rote Zwiebeln
- 2 EL Olivenöl zum Braten
- Grobes Meersalz, nach Geschmack
- Schwarzer Pfeffer aus dem Mörser, nach Geschmack
- 50 ml dunkler Balsamico-Essig
- 8 Maisblätter
- 1 Bund Koriander
- Wurstgarn für Päckchen

Wein:
Ein grauer Burgunder ist der passende Tropfen, der den leichten Wels im Maisblatt in unserer besten Erinnerung schwimmen lässt.

Alternative Fischarten:
Sie können dieses Gericht mit so ziemlich jedem anderen Fischfilet oder auch mit kleineren ganzen Fischen zubereiten. Forellen, Barsche und ein Filet vom Zander oder Hecht schmecken ebenfalls ganz ausgezeichnet.

Die Meeräsche

mal was anderes!

Wer schon einmal an der Küste Italiens auf kulinarischer Reise unterwegs war, der kennt vielleicht auch die gepressten Fisch-Eier, die gründlich gesalzen und an der Sonne getrocknet als Bottarga hohe Preise unter Feinschmeckern erzielen. Es ist der Rogen einer Meeräschen-Art, der Großkopf-Meeräsche. Diese kommt übrigens auch in Japan vor und auch dort wird ihr Rogen geschätzt. Das zeigt schon eindrucksvoll, wie weit dieser Fisch verbreitet ist, der weltweit in 70 Arten vorkommt. Immerhin 44 davon werden als Speisefische gehandelt und sind regional oft hoch geschätzt. Wir kommen meistens mit der dicklippigen Meeräsche in Berührung. Zum Beispiel, wenn wir an einem dieser kleinen, verträumten Mittelmeer-Häfen stehen und uns ein Stück unserer Pizza ins Wasser fällt. Als gäbe es kein Morgen mehr, stürzen sich die Fische mit den dunklen Rücken und den silbernen Flanken auf die Krümel im Wasser. Bei uns an der Ostseeküste treibt sich eine besonders großwüchsige Meeräsche herum: Es ist ebenfalls die dicklippige Meeräsche, die als „Baltische Meeräsche“ eine besonders großwüchsige Spielart darstellt. Phasenweise ernährt sie sich von Garnelen, meist jedoch vom Plankton und den Algen, die an Steinen, Hafenmauern und Dalben wachsen. Das hat sie mit ihren temperamentvollen Geschwistern aus der wärmeren Region noch gemeinsam. Nicht jedoch die Größe: Im Mittelmeer wird die dicklippige Meeräsche meist zwei bis drei Kilo schwer – in der Ostsee kann sie leicht auch vier bis fünf Kilo wiegen! Im kälteren Wasser ist ihr Fleisch besonders delikat und wurde inzwischen auch von einigen Gastronomen in den klassischen HBD (Hering-Butt-Dorsch)-Regionen entdeckt. Ihr festes, schneeweißes Fleisch ist herrlich aromatisch und erinnert eher an einen tropischen Fisch. Eine gewisse geschmackliche Brücke lässt sich auch zum Hornhecht schlagen. Unser Koch Sebastian Bruns hat zudem herausgefunden, dass sich Meeräschen-Schuppen ganz hervorragend zum Frittieren eignen und als leckeres, knuspriges Topping manchen Gerichten eine besondere Note geben. Schon wenn Sie umblättern, lernen Sie eines davon kennen …
Für uns Angler sind die Meeräschen in der Ostsee die absolute Königsdisziplin und daher ein sehr seltener Fang. Der eine Angler fängt mal eine mit Brötchen-Teig, der andere mal eine mit der Fliege. Die meisten Angeltage enden jedoch ohne Fisch, denn die scheuen Fische verschmähen leider allzu oft unsere Köder und ziehen saftige Algen oder Plankton vor. Wie gut also, dass man die Leckerbissen immer mal wieder als Wildfang in den Kisten der Fischer findet. Oder auch im Fischhandel aus der Zucht. Denn Meeräschen gehören zu den ältesten Zuchtfischen überhaupt und sind somit zumindest auf Nachfrage ganzjährig verfügbar.

WAS PASST ZUR MEERÄSCHE?

Das Fleisch der Meeräsche harmoniert sehr gut mit zartem Gemüse oder auch unaufdringlichen Obstsorten wie Kürbis, Gurke oder Wassermelone. Auch ein Stampf aus Kartoffeln und Süßkartoffeln und frische Kräuter (insbesondere Thymian) sind sehr gute Begleiter.

WAS BRAUCHT MAN AN WERKZEUG?

Eine Meeräsche ist ein dankbarer Fisch in der Küche, denn sie hat so gut wie keine Gräten und ist sehr fest und griffig, um sie zu filetieren. Ein kräftiger Fisch-Schupper ist aber schon erforderlich, um die großen Schuppen zu entfernen.

Meeräsche

mit Fenchel-Püree und marinierter Wassermelone

Für den besonderen Speisefisch Meeräsche haben wir uns ein etwas anspruchsvolleres Rezept ausgesucht. Nachkochen lohnt sich unbedingt! Die Symbiose aus sahnigem Püree, herrlich festem Bratfisch und dem knusprigen Topping ist eine kulinarische Offenbarung.

Zuerst die Meeräsche entschuppen, einen Teil der Schuppen dabei auffangen und trocken tupfen. Öl in einem Topf auf 170 Grad erhitzen und die Schuppen vier bis fünf Minuten lang im heißen Fett knusprig ausbacken. Auf ein Sieb und dann auf ein Küchentuch zum Abtropfen geben. Rauchmandeln in der Zwischenzeit im Mörser zerstoßen und im Verhältnis 1:1 mit den frittierten Schuppen vermengen.

Das Grün der drei Fenchelknollen abzupfen und fein hacken. Drei der vier Fenchelknollen klein schneiden, in etwas Olivenöl anschwitzen und mit Pernod ablöschen. Sahne und Fischfond aufgießen und den Fenchel etwa 15 Minuten lang weich kochen. Danach die Fenchelstücke im Sieb auffangen, mit dem Mixstab fein pürieren und abschließend mit Salz, Pfeffer und Zitronensaft und dem Fond abschmecken.

Jetzt filetieren wir die Meeräsche, ziehen sorgfältig die Gräten mit der Pinzette und teilen das Filet mit Haut in etwa 100 Gramm schwere Stücke. Öl in einer Pfanne erhitzen, den Fisch auf der Hautseite scharf anbraten und nach einer Minute auf mittlere Hitze reduzieren.

Das Fenchelgrün der letzten Knolle abzupfen und fein hacken. Die Knolle halbieren und in feine Scheiben schneiden oder hobeln, direkt in eine Schüssel mit Eiswasser hinein. Nach zwei Minuten mit dem Löffelsieb herausholen und abtropfen lassen. Das gehackte Fenchelgrün zu den Scheiben geben, mit Olivenöl, Zitronensaft, Salz und Pfeffer marinieren und vorsichtig miteinander vermengen.

Melone in Quader schneiden und ebenfalls mit Zitronensaft, Olivenöl, Meersalz und einem Hauch Pfeffer marinieren.

Zutaten (für 4 Personen):

Zeitaufwand: 55 Minuten

Fisch:
- 1 frische Meeräsche mit etwa 2 Kilo
- 2 EL Olivenöl zum Braten
- Stich Butter zum Braten
- 1 Zweig Thymian
- 1 Zweig Rosmarin
- 1 Knoblauchzehe

Schuppen:
- 50 g frische Schuppen der Meeräsche
- 50 g geräucherte Mandeln
- 200 ml Rapsöl zum Frittieren

Fenchel-Püree und Salat:
- 4 Fenchelknollen mit Fenchelgrün
- 1 EL Olivenöl zum Braten
- Pernod, nach Geschmack
- 200 ml Sahne
- 200 ml Fischfond
- ½ rote Wassermelone
- Eiswasser

Allgemein:
- Kalt gepresstes Olivenöl, nach Geschmack
- Frisch gepresster Zitronensaft, nach Geschmack
- Grobes Meersalz, nach Geschmack
- Pfeffer aus der Mühle, nach Geschmack

Wein:
Ein außergewöhnliches Gericht braucht eine exklusive Begleitung – uns schmeckt dazu ein Portugieser Weißherbst aus Rheinhessen.

Alternative Fischarten:
Wolfsbarsch, Zander, Seeteufel

Das Fischfilet nach etwa fünf bis sechs Minuten auf die Fleischseite wenden, eine Messerspitze Butter hinzugeben, mit je einem Zweig Thymian und Rosmarin sowie einer halben, leicht angedrückten Knoblauchzehe aromatisieren. Dabei immer wieder das siedend heiße Bratfett mit einem Löffel über die Filets geben.

Zum Servieren zunächst das erwärmte Fenchel-Püree auf dem Teller anrichten. Das Fischfilet mit der Haut nach oben daraufsetzen, Melonenquader und Fenchelsalat dazugeben. Mit dem knusprigen Schuppen-Mandel-Mix bestreuen.

Melone tiefrot:
Einen sagenhaften Tipp haben wir für Sie, um aus blass-roter Wassermelone eine tiefrote Farbe herauszuholen! Ganz einfach die Melone in dicke Scheiben schneiden und mit dem Vakuumier-Gerät einschweißen – schon nach ein paar Stunden im Kühlschrank können Sie das rote Wunder erleben.

Der Hecht

wilder Räuber mit Charakter

Aufgrund seines furchterregenden Gebisses nennt man den Hecht auch Süßwasserhai und er ist unumstritten DER Raubfisch Nummer eins in Mittel- und Nordeuropa! Sein gesamter Körper ist wie ein Pfeil aufgebaut, mit starken Flossen im hinteren Körperdrittel und dem flachen Kopf mit seinem entenähnlichen Schnabel. Dieser Körperbau macht den Hecht zu dem Geschwindigkeitswunder unter Wasser. In nur zweieinhalb Sekunden legt der Raubfisch den ersten Meter beim Herausschnellen aus seinem Versteck zurück. Danach wird er freilich langsamer und hält diesen Durchschnitt von fast 90(!) Stundenkilometern nicht. Eigentlich klar, dass so ein Kraftpaket auch eine entsprechende Muskulatur braucht. Und hier wird es jetzt für Freunde der leichten Küche richtig spannend: Hechtfleisch hat nur 90 Kalorien auf 100 Gramm Gesamtmasse. Und es steckt der Rekordwert von knapp 25 Prozent Eiweiß in der Muskulatur – bei lediglich einem mageren Prozent Fett! Was für eine Nährwertbilanz, und wir müssen uns ernsthaft die Frage stellen, warum der Hecht als regionaler Fisch nicht schon längst der Trendfisch der modernen Küche geworden ist. Zwei sichere Gründe und einen mutmaßlichen Faktor habe ich dazu ausgemacht: Erstens sind Hechte im Fischhandel fast immer Wildfänge, deren Verfügbarkeit, Größe und Qualität somit schwanken. Aufgrund dessen sollte man zur Laichzeit, zuzüglich einer gewissen Karenz-Zeit davor und danach, als Konsument unbedingt auf Hechte in der Küche verzichten. Januar bis April sind hier die kritischen Monate, weshalb zum Beispiel Angler in vielen Bundesländern eine gesetzliche Schonzeit über den Winter bis zum 1. Mai einhalten. In der Aquakultur gibt es nämlich das Problem, dass sich (einmal salopp gesagt) von 100 Hechten im Hälter-Becken 50 Stück gegenseitig auffressen. Das Aggressionspotential des Reflexjägers und sein grundsätzlicher Hang zum Kannibalismus machen seine Aufzucht auf engem Raum daher schwierig. Der zweite Grund, weshalb Hechte in der Gunst der Küchenfische in der Allgemeinheit eher im Mittelfeld liegen, sind sicher auch die vielen Gräten im Rücken- und im Schwanzfilet. Die haben Barsche, Zander und Dorsche eben nicht und sind deshalb auf dem Teller gefügiger. Und wir haben's ja gerne einfach … Allerdings haben die zuletzt genannten Fische eines im Vergleich mit dem Hecht nicht: Einen ganz starken eigenen Geschmack! Der ist in seiner Ausgeprägtheit für einen Süßwasserfisch schon fast untypisch markant und erinnert im Vergleich zum Zander so ein bisschen an den Unterschied zwischen Wildschwein und Hausschwein! Wer den Hecht gerne essen mag, hebt genau dieses Merkmal als besonders delikat hervor – wer ihn nicht mag, stellt diesen Eigengeruch (der geschmacklich nicht ganz so stark ausgeprägt ist) als absolutes „No Go" in den Vordergrund. Auf jeden Fall ist der Hecht ein Kandidat, der polarisiert. Nicht bei den Anglern, denn wir lieben diesen urigen Raubfisch mit seinem ungehemmten Jagdverhalten und seiner Eigenschaft, an der Angel meterhoch aus dem Wasser zu springen! Wir bekommen den Fisch auch am frischesten und in den Größen, die in der Küche am besten zu verarbeiten sind. 60 bis 80 Zentimeter lang und zwei bis vier Kilo schwer ist der ideale Küchenhecht. Wobei der Grundsatz gilt: Je größer der Fisch, desto größer und leichter ausfindig zu machen sind auch die Gräten! Doch keine Sorge: Wir zeigen Ihnen nicht nur zwei besonders spektakuläre Rezepte zum König unserer Raubfische. Wir liefern Ihnen auch zwei Tricks, wie Sie die lästigen Y-förmigen Gräten zuverlässig aus dem leckeren Filet verbannen. Beides erfordert Geschick und liebevolle Zuwendung – aber es wirkt hundertprozentig!

WAS PASST ZUM HECHT?

Hechte brauchen aufgrund ihres auffälligen Aromas starke Gegenspieler. Geräucherter Bauchspeck ist prima zum Braten oder Einwickeln des Hechtes. Einmal passt der Geschmack, zum anderen bringt er ein wenig Fett zum mageren Fisch – beides ist zum Beispiel auch bei der „Finkenwerder Scholle“ so gewollt. Ansonsten wieder gerne das, was Sie mögen: sauer, süß, scharf oder auch rauchig-salzig – der Hecht ist da sehr tolerant.

WAS BRAUCHT MAN AN WERKZEUG?

Schön zu verwerten sind ganze, frische Hechte nicht. Zum einen sind sie extrem schleimig und glitschig und man kann sie eigentlich nur am Kopf richtig greifen – und dort sitzen rasiermesserscharfe Kiemenbögen und Zähne! Wer also beim Schlachten eines Hechtes mit Gummihandschuhen und Filetierbrett mit stabiler Halteklammer zu Werke geht, ist alles andere als ein Weichei … Das Entschuppen des Hechtes ist ebenfalls kein Vergnügen und sollte unter fließendem Wasser stattfinden und immer mit einem professionellen Fisch-Entschupper erledigt werden. Die große Niere des Fisches ist zwischen Schwimmblase und Mittelgräte ein bisschen versteckt gelegen und muss unbedingt sauber entfernt werden – ein Teelöffel leistet hier treue Dienste. Um den zähen Schleim des Hechtes wirklich restlos in den Griff zu bekommen und auch die Haut richtig sauber abzuschaben, empfehle ich Ihnen einen kleinen Stahlschwamm oder eine Wurzelbürste unter fließend kaltem Wasser.

Verführerische Hecht-Rolle

mit jungem Blattspinat und Fisch-Velouté

Unsere Hecht-Rolle im knusprigen Speckmantel, gefüllt mit einer leichten Farce aus Hechtfleisch und Sahne, sieht nicht nur nach gehobener Küche aus – sie ist es auch! Ambitionierte Fischköche werden ihre Freude am Handwerk haben, die Gäste zu Tisch werden Sie verehren.

Hecht gründlich waschen, filetieren und entgräten. Wie man den zahlreichen Hecht-Gräten und insbesondere den „Y-Gräten" im Rückenfilet zu Leibe rückt, sehen Sie in unserer Fotoserie (S. 114 f.) zu diesem Rezept. Kiemen und Augen aus dem Kopf des Hechtes entfernen, die Karkasse mit kaltem Wasser abspülen und im Topf mit kaltem Wasser knapp bedecken. Mit einem Esslöffel Meersalz ansetzten. Langsam heiß werden lassen und gelegentlich den Eiweiß-Schaum an der Oberfläche abschäumen. Kurz vor dem Siedepunkt des Wassers das geputzte und grob gehackte Gemüse, den Weißwein und die Gewürze hinzugeben. Alles eine weitere halbe Stunde ziehen lassen und anschließend über einem feinen Sieb den Fond abgießen.

Für die Hechtfarce die Fisch-Abschnitte vom Filetieren (ohne Haut) für ca. eine Stunde im Gefrierfach anfrieren lassen. Dann mit kalter Sahne im Standmixer ganz fein pürieren. Anschließend mit einem Spachtel durch ein sehr feines Sieb streichen. Mit Salz, Pfeffer, Muskat und evtl. etwas Tabasco abschmecken.

Zutaten (für 4 Personen):

Zeitaufwand: 60 Minuten

Fisch und Fond:
- 1 Hecht mit gut 3 Kilo Gewicht
- 1 ½ l kaltes Wasser
- 1 EL Meersalz
- 1 Gemüsezwiebel
- 1 Fenchelknolle
- 1 Staudensellerie
- 200 ml Weißwein
- 2 Lorbeerblätter
- 1 EL Pfefferkörner
- 2 Thymianzweige
- 2 Estragonzweige

Farce und Rolle:
- 400 ml Sahne, flüssig
- Meersalz, nach Geschmack
- Tabasco
- Pfeffer, nach Geschmack
- 1 Msp. Muskat
- 200 g Pancetta (italienischer Schinken)
- Frischhaltefolie
- Aluminiumfolie

Gemüse und Soße:
- 2 Schalotten
- 2 Bund Frühlingszwiebeln
- Tomaten, getrocknet
- ½ Knoblauchzehe
- 1 EL Olivenöl zum Braten
- 400 g junger Blattspinat
- Meersalz, nach Geschmack
- Zucker, nach Geschmack
- 1 Hauch Muskat

Wein:
Trinken Sie zum edlen Gericht vom Hecht einen halbtrockenen Riesling.

Alternative Fischarten:
Außer dem Hecht, der aufgrund seines extrem hohen Eiweiß-Gehaltes perfekt zur Herstellung einer Farce geeignet ist, können auch Bachforellen, Saiblinge und Schollen verwendet werden.

Das grätenfrei vorbereitete Hechtfilet gleichmäßig dick mit der Farce bestreichen und vorsichtig zu einer Rolle formen. Jetzt eine Lage Frischhaltefolie mit den dünnen Pancetta-Scheiben belegen und die Hecht-Rolle in der Mitte aufsetzen. Mit der Frischhaltefolie gelingt das Umwickeln mit dem dünnen Speck sehr gut. Drehen Sie die beiden Enden der Folie fest ein (wie bei einem Bonbon) und packen Sie die Hechtr-Rolle nochmal fest in zwei bis drei Lagen Alufolie. Das Paket mit der Rolle wird nun bei 65 Grad im Wasserbad für zehn Minuten gegart. Für die Sauce den Hecht-Fond leicht binden (zum Beispiel mit einer Mehlschwitze: 1 EL Weizenmehl in 2 EL Butter anschwitzen) und mit kalter Butter und einem Handmixer aufmontieren. Schalotten, Frühlingszwiebeln, getrocknete Tomaten und den Knoblauch in dünne Scheiben schneiden und in Olivenöl anschwitzen. Den frisch gewaschenen Spinat hinzugeben und in der Pfanne kurz zusammenfallen lassen. Anschließend mit Meersalz, Zucker, Pfeffer und Muskat würzen.

Abschließend die Hecht-Rolle aus dem Beutel nehmen und auf dem Speck in der Pfanne rundum braun anbraten.

Den Blattspinat als kleinen Sockel auf dem Teller anrichten, die Hecht-Rolle und eine Nocke aus dem Gemüse daraufsetzen, zusammen mit der Sauce anrichten.

Ran an die Y-Gräten:
Hechte sind an und für sich exzellente Speisefische. Gefürchtet sind aber die vielen kleinen Gräten, die sich zwischen den einzelnen Segmenten des Muskelfleisches im Hechtrücken befinden. Wie Sie diese Gräten mit einem gekonnten Schnitt entfernen, das zeigen wir Ihnen auf den folgenden Bildern! Wichtig ist ein sehr scharfes Filetiermesser mit dünner und geschmeidiger Klinge – und eine ruhige Hand mit einem guten Tastsinn für den Verlauf des Grätenstranges. Verzagen Sie nicht, dieser Filetierschnitt ist die Königs-Disziplin in der Fischküche – gelingt Ihnen aber bald, wenn Sie ihn ehrgeizig üben.

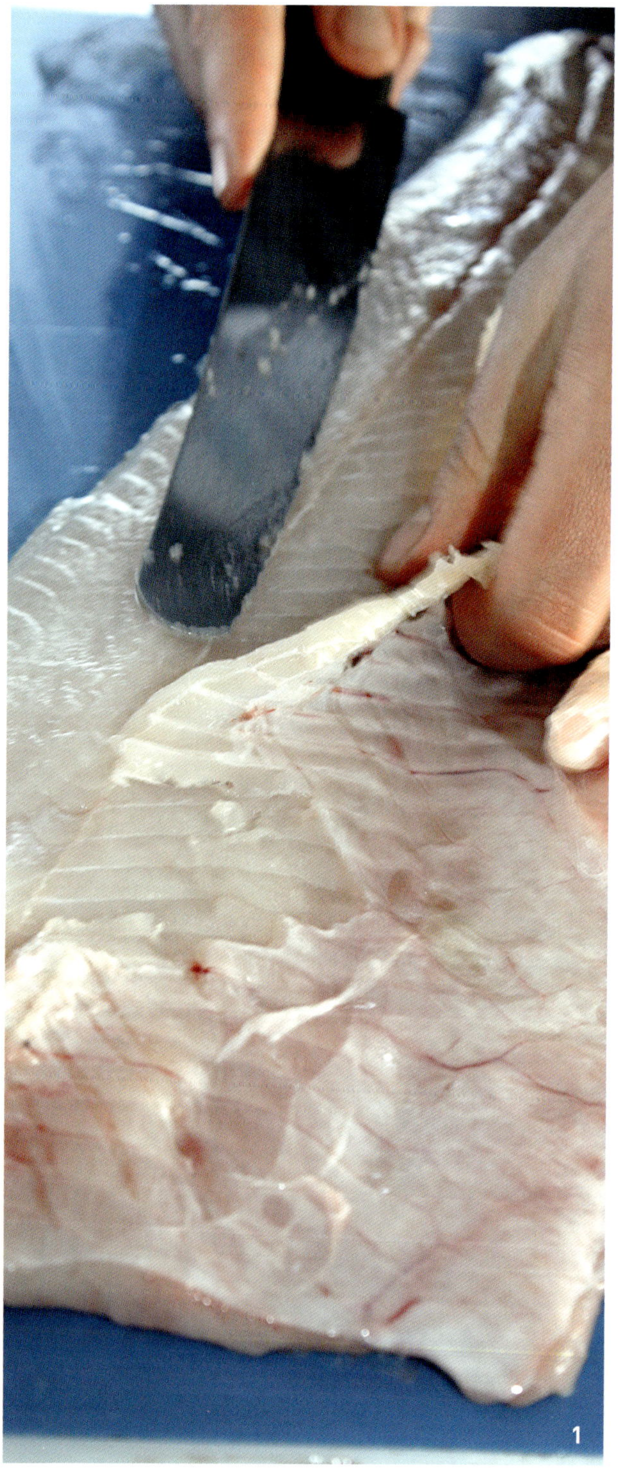

1. Hier werden mit einem flachen Schnitt die Bauchgräten entfernt.

2. Der Königs-Schnitt in das Rückenfilet! Achten Sie auf das Kratzen der Messerspitze an den Gräten und tasten Sie mit den Fingern – dann klappt es irgendwann ...

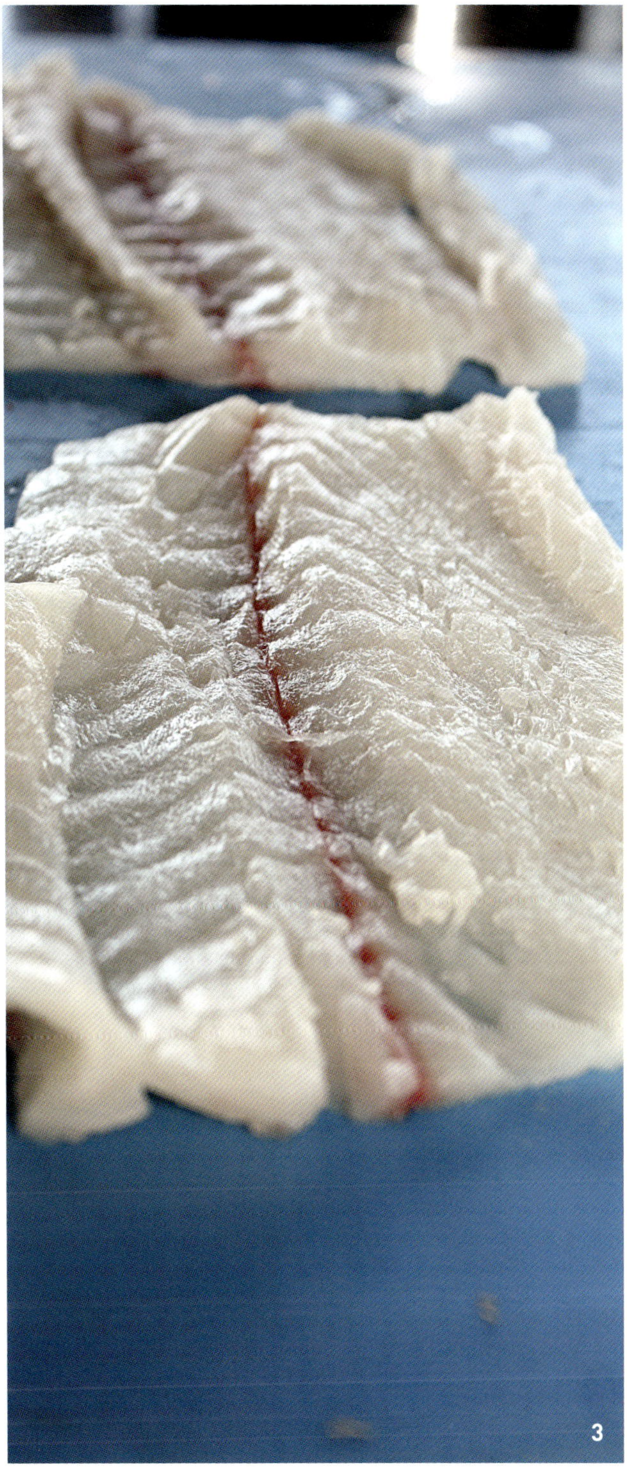

3. Typisch für das grätenfreie Rückenfilet ist der Schnitt, an dem sich das Filet aufklappen lässt – perfekt natürlich für unsere Hecht-Rolle!

Gebratener Hecht

mit eingelegten Gurken

So ein toller Fisch für die Küche ist unser Hecht! Auch bei diesem Rezept lernen Sie einen tollen Trick, um die Gräten loszuwerden. Und obendrein lernen Sie den Hecht auch hier als einen hervorragenden Begleiter zu markanten Aromen kennen – eben ein Fisch mit starkem Charakter!

Senfsaat in Wasser geben, bis die Saat gut bedeckt ist und kochen. Sobald der Sud einkocht, immer wieder mit Wasser aufgießen. Die Saat mindestens eine Stunde lang kochen lassen – je länger, desto besser. Anschließend die Senfsaat über einem feinen Sieb abgießen und mit heißem Wasser abspülen.

Währenddessen Gurken schälen, der Länge nach vierteln, entkernen und in mundgerechte Stücke schneiden. Danach in ein Sieb geben, salzen und den Saft in einer Schüssel auffangen.

Die Hechtfilets in vier gleich große Stücke schneiden.

Schalotten schälen und in grobe Stücke schneiden, den Fenchel und drei Knoblauchzehen ebenfalls grob schneiden. Butter in einen Topf geben, schmelzen lassen und das Gemüse kurz darin anbraten. Mit dem Mehl bestäuben, umrühren und zunächst mit dem Weißwein und dann mit einem Liter unseres Fischfonds ablöschen. Das aufgefangene Gurkenwasser ebenfalls hinzugeben und das Ge-

Zutaten (für 4 Personen):

Zeitaufwand: 45 Minuten

Fisch:
- 800 g frisches Hechtfilet aus dem Schwanzstück, mit Haut und sauber entschuppt

Gurken und Sud:
- 25 g Senfsaat
- 2 Salatgurken
- 12 Schalotten
- 1 Fenchelknolle
- 4 Knoblauchzehen
- 150 g Butter
- 35 g Mehl
- 200 ml Weißwein
- 2 l Fischfond
- 200 ml Sahne
- 100 g Crème fraîche
- 1 EL Senf (mittelscharf)
- 1 Zweig Dill
- 2 Lorbeeblätter
- 1 TL Curcuma
- 50 ml heller Balsamico-Essig
- 1 TL Zucker

Allgemein:
- Grobes Meersalz aus Mühle oder Mörser
- Pfeffer aus der Mühle

Wein:
Zum Hecht und dem würzigen Gurken-Gemüse schmeckt ein leichter, spritziger Rosé-Wein sehr lecker!

Alternative Fischarten:
Dieses Gericht lässt Fische mit Charakter sehr gut aussehen. Deshalb eignet es sich auch für das kräftige Aroma eines Seelachsfilets oder einer Flunder sehr gut.

müse mindestens eine halbe Stunde lang leicht köcheln lassen. Kurz vor dem Anrichten mit einem Mixstab pürieren. Sahne, Crème fraîche und den Senf hinzugeben. Alles noch einmal pürieren und nach Belieben mit Salz und Pfeffer abschmecken.

Den Dill grob hacken, Lorbeer und eine angedrückte Knoblauchzehe in einer Pfanne mit Öl leicht anschwitzen. Curcuma hinzugeben, leicht mit anbraten und mit dem hellen Balsamico ablöschen. Jetzt die eingeweichte Senfsaat, Salz, Pfeffer und Zucker hinzugeben. Einen weiteren halben Liter des Fischfonds angießen und kurz aufkochen. Die gewürfelten, entwässerten Gurken für etwa eine Minute mitkochen, alles vom Herd nehmen und einige Minuten ziehen lassen.

Nun zu den Hechtfilets, die wir mit einem guten Trick grätenfrei machen! Zunächst die Filets mit der Fleischseite nach unten in den Rest des Fischfonds legen, den wir in einer Pfanne bis zum Siedepunkt erhitzt haben. Deckel aufsetzen und die Herdplatte auf minimale Temperatur stellen, damit der Fond nicht mehr kocht. Die Filets nach sieben bis acht Minuten aus der Pfanne nehmen und die Gräten mit einer Zange ziehen. Sollten sich die Gräten nicht ganz einfach ziehen lassen, die Filets bitte noch eine oder zwei Minuten lang weiterpochieren.

Jetzt bekommt der Hecht seine gebräunte Haut, indem wir ihn in einer Pfanne mit etwas Olivenöl auf der Hautseite anbraten. Zwischendurch immer mal wieder die Pfanne bewegen, ein Stückchen Butter dazugeben und die Filets nach gut zwei Minuten ein letztes Mal kurz umdrehen. Filets nur ein paar Sekunden auf der Fleischseite ziehen lassen und mit den eingelegen Gurken und dem Sud aus der Gemüse-Pfanne anrichten.

Tipp

Wenn Sie die eingelegten Gurken haltbar machen möchten, geben Sie das Gemüse mit dem heißen Sud einfach in ein ausgekochtes Einweck-Glas und verschließen es mit einem Deckel mit einer Gummiring-Dichtung. So können Sie die eingelegten Gurken über viele Wochen immer wieder genießen!

Beim angegarten Hechtfilet lassen sich die Gräten vor der weiteren Zubereitung mit der Pinzette hervorragend lösen!

Der Wolfsbarsch

—— jedermanns Liebling

Was für eine Karriere hat dieser Fisch in den letzten 20 Jahren gemacht? Kaum ein anderer Fisch ist innerhalb dieser relativ kurzen Zeit so stark in den Fokus von uns Anglern als auch in den Alltag anspruchsvoller Fischesser geschwommen. Gleich mehrere Gründe sorgen für diesen Boom der Wölfe: Sie lassen sich hervorragend in der Aquakultur aufziehen und reproduzieren, was für eine ganzjährige Verfügbarkeit im Fischhandel gesorgt hat. Vor allem aber sind die hohen Preise, die man im Fachhandel noch heute für einen Wildfang des Wolfsbarsches bezahlt, deutlich nach unten korrigiert worden. Zum anderen haben der Klimawandel und die Veränderungen bei den Meeresströmungen dafür gesorgt, dass Wolfsbarsche inzwischen an der Nordseeküste in Dänemark und sogar auf den Ostfriesischen Inseln ankommen. Und das in Beständen, die das Angeln auf diesen tollen Fisch durchaus lohnenswert machen! Musste man früher noch an die Küsten der Bretagne, Englands oder Irlands fahren, um Wolfsbarsche zu angeln, geht das heute vor der eigenen Haustür. Die wichtigsten Aspekte, die zur Popularität des Schuppenträgers aus dem Salzwasser führen, sind allerdings die Suchtfaktoren, die von seinem Fang und von seinem Genuss ausgehen. Wer einmal stundenlang auf diesen bemerkenswerten Raubfisch an der Nordseeküste geangelt hat und dann tatsächlich mit dem Fang dieses starken Kämpfers belohnt wurde, der ist der Magie des „Meerwolfes" hoffnungslos erlegen! Auf dem Teller verzaubert er durch sein einzigartiges Fleisch, das in Konsistenz und Geschmack wie eine Symbiose aus dem Aroma eines tropischen Fisches und der Zartheit eines Kaltwasserfisches erscheint. Mit einem Kaloriengehalt von knapp 100 auf 100 Gramm Gesamtmasse, zwei Prozent Fett und 20 Prozent Eiweiß ist der Wolfsbarsch durchaus als leichter Leckerbissen ausgewiesen. Ein hoher Anteil an Jod und vergleichsweise viel Omega-3-Fettsäuren machen ihn zusätzlich zu einem gesunden Happen. Seine Vielseitigkeit in der Küche ist ein weiteres Aushängeschild für den „loup de mer", wie er seit jeher in der gehobenen Küche mit seinem französischen Namen genannt wird. Einfach nur leicht gedünstet, in einem leichten Sud mit Gemüse und Meeresfrüchten, entfaltet er seinen einzigartigen Geschmack ebenso hervorragend wie gegrillt mit einem leicht glasigen Kern. Aus dem heißen Rauch schmeckt er, noch warm genossen, ebenfalls atemberaubend. Und natürlich enthalten wir Ihnen in diesem Buch den absoluten Klassiker nicht vor: Wolfsbarsch in der Salzkruste! In einem dicken Panzer aus Salz und Eiweiß entfaltet sich, nur zusammen mit ein paar bescheidenen Kräutern, eine der gewaltigsten Aroma-Explosionen, die es in der Fischküche gibt – den „Show-Effekt" mal ganz nebenbei betrachtet. Was für ein Fisch und was für eine Freude, ihn zu angeln und aufzuessen. Zusammen mit dem Wolfbarsch stehen uns noch glorreiche Jahre bevor – sowohl im Sparring an der Angel als auch in der Fischküche!

WAS PASST ZUM WOLFSBARSCH?

Sein Fleisch ist eigen und unverkennbar – aber das Aroma ist zart. Daher sollte man auch entsprechend dezente Gegenspieler als Gemüse und/oder Beilage auswählen. Soßen sollten idealerweise mit einem Fond aus der Wolfsbarsch-Karkasse zubereitet werden und nicht zu experimentierfreudig würzen!

WAS BRAUCHT MAN AN WERKZEUG?

Der Wolfsbarsch gehört zu den Fischen, die sich in der Küche einfach verarbeiten lassen. Die Haut bitte stets entschuppen (geht einfach), denn sie lässt sich sehr gut in der Pfanne oder auf dem Grill bräunen. Die fleischigen Filets sind im Rücken- und Schwanzbereich grätenfrei und relativ einfach mit einem Filetiermesser zu lösen.

Hobie

Wolfsbarsch

mit Safran-Risotto und Chorizo

Das aromatische Fleisch des Wolfsbarsches geht hier mit einem Risotto und herzhafter spanischer Wurst wunderbar zusammen. Vor allem erlebt unser Gaumen hier ein Feuerwerk unterschiedlicher Konsistenzen, das in einer Geschmacks-Explosion gipfelt!

Zuerst heizen wird den Backofen auf 180 Grad vor und entschuppen sorgfältig unsere beiden Wolfsbarsche. Dann lösen wir von jedem Fisch die zwei Filets, entfernen die Hauptgräten mit dem Messer und ziehen die restlichen Gräten mit der Pinzette.

Die Zwiebel klein würfeln, Knoblauch fein hacken und beides in einem Topf mit Olivenöl anschwitzen. Den Risotto-Reis hinzugeben, ebenfalls kurz anschwitzen und mit Weißwein ablöschen. Den Safran dazugeben und mit Fischfond aufgießen, bis der Reis leicht bedeckt ist. Das Risotto immer wieder umrühren und nach und nach mit dem Fond auffüllen. Es ist gelungen, wenn es die typisch cremige Konsistenz erreicht hat und der Reis im Inneren noch ein kleines bisschen Biss hat. Kurz vorm Servieren Risotto vomHerd nehmen noch einen kleinen Schuss Sahne und den geriebenen Parmesan hinzugeben.

Während das Risotto vor sich hinköchelt, die Chorizo in dünne Scheiben schneiden, auf ein Backblech legen und für fünf Minuten in den vorgeheizten Backofen geben. Anschließend auf einem Küchentuch abtropfen lassen. Den Rucola waschen, trocken schleudern und leicht mit Olivenöl und dunklem Balsamico marinieren.

Kurz bevor das Risotto fertig ist, geben wir Olivenöl in eine Pfanne und legen die Filets mit der Hautseite nach unten hinein und braten sie vier Minuten lang an. Die angeschnittenen Filets immer wieder mit einem Löffel mit dem heißen Olivenöl übergießen und am Ende nochmals für eine Minute auf der Fleischseite braten.

Zum Anrichten geben wir zuerst das Risotto in die Tellermitte und legen zwei Filets mit der Haut nach oben darauf. Mit dem Rucola und den knusprigen Chorizo-Scheiben garnieren wir den Teller aus.

Was ist eigentlich Chorizo?
Rohwurst vom Schwein, die ihren Ursprung in Spanien hat, aber auch in Portugal als „Chourico" zum alltäglichen Speiseplan gehört. Ihre kräftige Note bekommt die Wurst vom Paprika und Knoblauch.

Zutaten (für 2 Personen):

Zeitaufwand: 45 Minuten

Fisch:
- 2 ganze Wolfsbarsche à 300 bis 400 g
- Olivenöl zum Braten

Risotto:
- 1 Zwiebel
- 1 Knoblauchzehe
- Olivenöl zum Braten
- 200 g Risotto-Reis
- 150 ml trockener Weißwein
- 1 g Safran
- ½ l Fischfond
- etwas Sahne
- 60 g Parmesan

Salat:
- 100 g Rucola
- Dunkler Balsamico
- Olivenöl

Garnitur:
- 200 g Chorizo

Wein:
Zum herzhaften Gericht vom Wolfsbarsch kann es gerne auch ein kräftiger Wein sein, zum Beispiel schmeckt ein Muscadet sehr gut dazu!

Alternative Fischarten:
Zander, Barsch und Saibling lassen sich ebenfalls prima auf der Haut braten und passen perfekt zum Risotto!

Wolfsbarsch in Salzkruste

—— mit Tomaten-Brotsalat

Was für eine Wonne, wenn der harte, schroffe Panzer aus Salz diesen Klassiker der Fischküche preisgibt! Unser Wolfsbarsch kommt so protzig saftig und aromatisch aus dem Salz, dass man den herrlich bescheidenen mediterranen Brotsalat fast aus den Augen verlieren könnte ...

Zuerst den Backofen auf 200 Grad vorheizen. Die Wolfsbarsche gründlich entschuppen, waschen, trocken tupfen und die Kiemen entfernen. Die Bauchhöhlen mit je zwei Zweigen Thymian, Rosmarin und zwei Blättern Salbei füllen.

Für die Salzkruste die beiden Eier trennen, das Eiweiß mit einem Schneebesen aufschlagen und etwas Pfeffer dazugeben. Die Eiweiß-Mischung über das Meersalz geben und alles miteinander vermengen, am besten mit der Hand. Eine feuerfeste Form nehmen und den Boden mit der Hälfte der Meersalz-Eiweiß-Mischung bedecken. Beide Fische darauflegen und mit der restlichen Mischung dick bedecken, sodass nichts mehr vom Wolfsbarsch herausschaut. Das Salz schön festdrücken und die Form für 20 Minuten in den Ofen geben. Anschließend aus dem Ofen nehmen und für fünf Minuten ruhen lassen.

Währenddessen den Brotsalat vorbereiten und zunächst die Aubergine würfen und in Olivenöl scharf anbraten. Zwischendurch umrühren und wenn es zu trocken wird, Öl hinzugeben. Cherry-Tomaten halbieren, Zwiebeln fein schneiden, beides in eine Schüssel geben mit Olivenöl, etwas hellem Balsamico, Saft einer Limette, Pfeffer und Meersalz marinieren und zunächst zur Seite stellen.

Das Ciabatta in gleichgroße Würfel wie die Aubergine schneiden. Zu den Auberginen geben, wenn diese schön knusprig und braun sind. Beides weiterhin anrösten und Olivenöl dazugeben. Wenn auch das Brot schön kross geworden ist, den gehackten Knoblauch dazugeben und kurz mitanbraten. Thymian und Rosmarin hineinzupfen und großzügig mit Meersalz würzen. Anschließend alles auf ein Küchentuch geben und kurz auskühlen lassen.

Kurz bevor der Wolfbarsch fertig ist, Basilikum-Blättchen abzupfen und zu den Cherry-Tomaten ge-

Zutaten (für 2 Personen):

Zeitaufwand: 45 Minuten

Fisch:
- 2 ganze Wolfsbarsche à 300 bis 400 g
- 4 Zweige Thymian
- 4 Zweige Rosmarin
- 4 Blätter Salbei

Für die Salzkruste:
- 2 große Eier
- Pfeffer
- 1,5 kg Meersalz

Für den Tomaten-Brotsalat:
- 1 Aubergine
- Olivenöl zum Anbraten
- 300 g Cherry-Tomaten
- 1 Zwiebel
- Hochwertiges Olivenöl
- Heller Balsamico-Essig
- 1 Limette
- Pfeffer
- Meersalz
- 200 g Chiabatta-Brot
- 4 bis 5 Knoblauchzehen, frisch
- 1 Zweig Thymian
- 1 Zweig Rosmarin
- ½ Bund Basilikum

Wein:
Zu dieser Zubereitung des Wolfsbarsches schmecken am besten leichte Weißweine, zum Beispiel ein Weißburgunder.

Alternative Fischarten:
Alles was, schön als ganzer Fisch aussieht und ein festes, aromatisches Fleisch hat! Saibling, Bachforelle, Meerforelle und Maräne machen eine ähnlich gute Figur wie der Wolfsbarsch, wenn wir den Panzer aus Salz knacken.

ben, umrühren und schließlich die Auberginen- und Brotwürfel dazugeben.

Der große Moment! Die Salzkruste mit einer scharfen Messerspitze rundherum perforieren, dann einschneiden und den (inzwischen etwas abgekühlten) Deckel mit den Händen entfernen. Darauf achten, dass dabei keine Salzkrümel an den Fisch kommen.

Den Wolfsbarsch servieren wir klassisch in der Salzkruste am Tisch, die obere Hautseite wird entfernt. Den warmen Brotsalat dazu reichen.

Das richtige Öl:
Auch bei diesem Gericht unterscheiden wir, wie bei einigen anderen Rezepten in diesem Buch auch, zwischen Öl zum Braten und hochwertigem Öl zum Marinieren. Diese Unterscheidung ist wichtig, denn kalt gepresste Öle sind nicht nur teuer, sondern auch sehr gesund und vitaminreich. Doch beim Braten in der Pfanne würden die wertvollen Inhaltsstoffe nicht nur verloren gehen – das Öl würde auch verbrennen und rauchen! Deshalb achten Sie bitte immer darauf, dass Sie zum Braten entsprechend ausgewiesene Öle aus Raps, Weizenkeimen, Sonnenblumenkernen oder Olivenöl verwenden.

Nachdem die Salzhaube mit dem Messer freigelegt wurde, heben wir sie ab – und genießen den herrlichen Duft!

Wolfsbarsch

—— mit Spaghetti, Pesto und Bohnen

Noch mehr „bella italia" geht kaum! Herrlich frischer Wolfsbarsch mit mediterranen Kräutern langsam in der Grillpfanne gegart. Dazu wunderbare Pasta mit einem Pesto, das keine italienische Mama besser hinbekommen könnte.

Zunächst das leicht gesalzene Nudelwasser aufsetzen.

Die Wolfsbarsche entschuppen, die Kiemen entfernen, unter fließendem kaltem Wasser abspülen und trocken tupfen. Beide Fische mit jeweils zwei Zweigen Thymian, Rosmarin, einer dicken Zitronenscheibe und einer angedrückten Knoblauchzehe füllen.

Olivenöl in einer Grillpfanne erhitzen und die Wolfsbarsche hineinlegen. Fisch hin und wieder bewegen und Olivenöl unter die Haut nachlaufen lassen. Nach etwa acht Minuten umdrehen, die Haut ist jetzt schön braun geworden! Restliche Zitronenscheiben in die Pfanne geben und den Fisch zu Ende garen. Dabei noch einen Schuss Olivenöl nachgießen und die gebräunte Oberseite immer wieder mit dem heißem Bratfett überlöffeln. Nach weiteren acht Minuten dürfte der Fisch bei mittlerer Brathitze innen schön saftig und außen schön kross sein.

Die Spaghetti ins kochende Wasser geben und gleich das Pesto vorbereiten. Dazu Basilikum, geröstete Pinienkerne, Olivenöl, Knoblauch, Pfeffer und Salz nach Geschmack im Standmixer durchmixen. Anschließend gerieben Parmesan mit einem Löffel unterrühren. Nach acht bis zehn Minuten die Nudeln „al dente", also bissfest abgießen, nicht abschrecken und etwas Nudelwasser aufbewahren.

Einen kleinen Topf mit Salzwasser für die Bohnen aufstellen und das Wasser bis zum Siedepunkt erhitzen. Geputzte Bohnen dazugeben und für ein paar Minuten blanchieren.

Kurz bevor der Wolfsbarsch fertig ist, die Pfanne für die Spaghetti aufstellen. Nudeln, Bohnen und Pesto hinzugeben und kurz heiß werden lassen. Falls alles zu trocken wirkt, etwas von dem aufgehobenen Nudelwasser hinzugeben.

Die Wolfbarsche direkt aus der Pfanne anrichten,

Zutaten (für 2 Personen):

Zeitaufwand: 35 Minuten

Fisch:
- 2 ganze Wolfsbarsche à 300 bis 400 g
- 4 Zweige Thymian
- 4 Zweige Rosmarin
- 1 Bio-Zitrone
- 4 bis 6 Knoblauchzehen
- Olivenöl zum Braten
- Grobes Meersalz, nach Geschmack

Spaghetti, Pesto & Bohnen:
- 250 g Spaghetti
- 1 Bund Basilikum
- 30 g geröstete Pinienkerne
- 200 ml hochwertiges Olivenöl
- 2 Knoblauchzehen
- Schwarzer Pfeffer aus der Mühle, nach Geschmack
- Grobes Meersalz, nach Geschmack
- 70 g Parmesan
- 300 g Bohnen (Wachsbohnen, grüne oder breite Bohnen)

Wein:
Mit einem gekühlten Riesling machen Sie bei diesem Fischgericht garantiert keinen Fehler.

Alternative Fischarten:
Zu Pasta passen auch eine kleinere Forelle, ein Felchen oder ein Barsch sehr gut.

die Kräuter und Zitrone in den Bauchhöhlen belassen und noch mit grobem Meersalz würzen. Die Nudeln dazu reichen, auf einem separaten Teller.

Kleine Salzkunde:
Bei diesem und bei vielen anderen Gerichten wird erst beim Anrichten des Essens gesalzen. Hierfür verwenden wir am besten ein grobes Salz, die Königin unter den groben Salzen ist das geschöpfte Meersalz, auch bekannt als „fleur de sel". Behaupten Sie bitte nicht, das Salz doch Salz wäre und es hier keinen Unterschied gäbe! Beim Salzen von Nudelwasser geben wir Ihnen Recht – da geht es ausschließlich um die Salz-Note. Auch Brotteig oder Suppen würzt man mit günstigem, herkömmlichem Steinsalz. Da es beim oberflächlichen Auftragen des Salzes nach dem Garen aber auch auf die Konsistenz des Salzkornes ankommt, ist ein feines Blättchen wie beim edlen Meersalz immer die beste Wahl (auch wenn es leider wirklich teuer ist).

Die Zutaten für unseren mediterranen Wolfsbarsch mit würzigen Spaghetti erinnern an Urlaub am Mittelmeer.

Die Grundel

leckeres Feindbild

Wenn es um die Grundel in unseren Gewässern geht, sollte man nichts schönreden: Sie kam innerhalb von nur einem Jahrzehnt über das Ballastwasser der Binnenschiffe aus dem Mündungsbereich der Donau gewissermaßen „über uns“ und macht seitdem in einigen Seitengewässern des Rheines unfassbare 90 Prozent der gesamten Fisch-Biomasse aus! Es sind zwei Grundel-Arten, die sich hier stark vermehren und inzwischen pudelwohl in unseren Fluss-Systemen fühlen: Die Kessler-Grundel und die Schwarmund-Grundel. Man befürchtet, dass schon bald andere Arten nachfolgen. Alle haben die schlechte Eigenschaft gemeinsam, dass sie den Laich der einheimischen Fischarten auffressen, die am Gewässergrund laichen (Zander). Höhergelegene Laichplätze, wie zum Beispiel die des Hechtes, sind sicherer, weil Grundeln keine Schwimmblase besitzen und sie daher den Gewässergrund nicht verlassen können. Dies sorgt auch für das erstaunliche Phänomen, dass die Grundel in den wenigen Gewässern, die zur Ausbildung von Grundeis im Winter neigen (Mittellauf der Elbe, Oder), so gut wie keine Populationen ausbilden kann – ihr gesamter Bestand erfriert dort in regelmäßigen Abständen. Nun kann man der Grundel zurecht noch weitere schlechte Eigenschaften nachsagen, wie zum Beispiel die Kleinwüchsigkeit, die sie für Angler uninteressant macht, und ihre grenzenlose Gier, die das Angeln mit Maden oder Würmern am Gewässergrund teilweise unmöglich macht. Es sind Tagesfänge von tausend(!) Grundeln von nur einem einzigen Angler bekannt. Unter dem Strich bleibt die gute Nachricht, dass sie eine riesige Nahrungsquelle für unsere heimischen Raubfische darstellt und somit mancherorts das Wachstum von Barschen und Zandern gewaltig gefördert hat. Die Kehrseite der Medaille ist natürlich, dass die Bestände gleichzeitig durch die Vorliebe für deren Laich geschwächt werden. Eine unumstritten positive Eigenschaft ohne eine Schattenseite ist der Küchenwert der Grundel und ihre einfache Verarbeitung zu leckeren Delikatessen! Die Grundel ist als Speisefisch noch wenig bekannt und auch nur Anglern oder deren Freunden zugänglich – noch findet auf den Eindringling aus dem südosteuropäischen Raum nämlich keine kommerzielle Befischung statt. Sicher gibt es auch noch gewisse Berührungsängste mit diesem Fischlein, das ein überaus schlechtes Image hat. Aber es lohnt sich, diese Probleme zu lösen – Grundeln sind hervorragende Speisefische, denen ich zumindest eine ähnliche Karriere wie dem Stint im norddeutschen Raum voraussage. Ihr weißes Fleisch ist fest und aromatisch, ihre Haut muss nicht entschuppt werden und wird herrlich knusprig. Optisch erinnert eine Grundel, deren Kopf und Innereien entfernt wurden, an einen kleinen Seeteufel. Wir haben dem Fischlein ein Rezept mit zweierlei Zubereitungen gewidmet: Einmal der Klassiker für leckere kleine Fische – das Ausbacken im Backteig (in unserem Fall eine herrliche Tempura-Panko-Panade). Zum anderen geräuchert und zu einem Brotaufstrich verarbeitet. Die Grundel hat ALLE unsere Testesser überzeugt und war schon zuvor, bei meinen Koch-Vorführungen auf großen Angelmessen, der unangefochtene Liebling der Esser. Je knuspriger die Hülle, desto besser lässt sich die dünne Mittelgräte des Kleinfisches übrigens mitverzehren.

WAS PASST ZUR GRUNDEL?

In der klassischen, panierten „Fastfood-Variation“ sind natürlich Pommes frites und Tunken aus Aioli, Mayonnaise und Remoulade angesagt. Auch ein süß-saurer Dip schmeckt gut dazu. Die Verarbeitungsvielfalt der Grundel lädt aber noch zu vielen Experimenten ein, seien Sie mutig und suchen Sie sich den „Angler Ihres Vertrauens“ als Lieferant für frischen Grundel-Nachschub!

WAS BRAUCHT MAN AN WERKZEUG?

Grundeln werden gezupft, also mit Kopf und Innereien zusammen ausgenommen. Dafür benötigt man lediglich ein kleines, scharfes Gemüsemesser. Ein großes Sieb zum gründlichen Abspülen der kleinen Fische nach dem Köpfen und Ausnehmen ist zusätzlich ein treuer Helfer.

Zweierlei von der Grundel

mal kross mal saftig

Unter den Anglern verpönt, bei Fischessern (noch) nicht bekannt, so fristen die beiden Grundel-Arten in unseren Gewässern bis heute ihr Dasein. Ein Freund der Angler wird der Kleinfisch sicher nie werden. Aber welches kulinarische Potential schlummert bitte in diesem Fischlein, das küchenfertig an einen Seeteufel im Bonsai-Format erinnert!

Die Grundeln kalt abspülen, Köpfe abschneiden und die Innereien entfernen.

Baguette der Länge nach aufschneiden und in reichlich Olivenöl goldgelb und wunderschön kross ausbacken. Anschließend das überschüssige Öl direkt auf mehreren Lagen Küchenkrepp abtropfen lassen.

Einen älteren Topf mit zwei Esslöffeln feinem Buchen-Räuchermehl am Boden bei hoher Temperatur auf die Herdplatte stellen und die Grundeln auf einen Topfeinsatz zum Dünsten legen. Falls das Gitter für die kleinen Fische zu groß ist, legen Sie einfach Backpapier darauf und stechen ein paar Löcher hinein, damit der Rauch im gesamten Topf

Zutaten (für 2 Personen):

Zeitaufwand: 65 Minuten

Fisch:
- 600 g ganze Grundeln, frisch oder gefroren
- 1 ½ l Sonnenblumen-Öl
- 2 EL feines Räuchermehl aus Buchenholz

Röstbrot:
- 400 g frisches Baguette-Brot
- 100 ml Olivenöl zum Braten

Fischpaste:
- 100 g Frischkäse
- 6 Blätter Salbei
- 1 Bund glatte Petersilie
- 10 g Kapern
- 25 g schwarze Oliven
- ½ TL Paprika-Pulver
- 2 EL kalt gepresstes Olivenöl
- 1 Spritzer Zitronensaft
- Salz und Pfeffer zum Abschmecken

Panade:
- 120 g Panko-Mehl (grobes Paniermehl aus dem Asia-Laden)
- 150 g Tempura-Mehl (Mehl-Mischung aus dem Asia-Laden)
- 150 ml Eiswasser

Aioli:
- 120 g Mayonnaise
- 2 Knoblauchzehen
- 2 g Safran
- 1 Bio-Zitrone

Allgemein:
- Salbeiblätter zum Frittieren
- Grobes Meersalz, nach Geschmack

Getränke-Empfehung:
Das passende Getränk zu diesem Luxus-Snack ist schlicht und einfach ein kühles Bier – Prost!

Alternative Fischarten:
Kleine Friedfische, Kaulbarsche und vor allem Stinte, die in Norddeutschland (mit Roggenmehl paniert und in Margarine knusprig gebraten, mit Bratkartoffeln und Gurkensalat als Beilage) einen beliebten Kleinfisch-Snack darstellen.

zirkulieren kann. Nach etwa 12 Minuten im heißen Rauch sind die Grundeln gar und Sie können den Topf vom Herd nehmen. Dem Aroma der Fische tut es gut, wenn sie noch ein paar Minuten im abkühlenden Rauch gar ziehen. Danach die Grundeln mit den Fingern von der Gräte lösen und die Haut abziehen. Das ist echte Fummel-Arbeit, weshalb die Fischlein nicht zu lange nach dem Räuchern verarbeitet werden sollten – dann wird das Fleisch nämlich noch fester!

Jetzt den Frischkäse mit unseren fein gehackten Zutaten Kapern, Petersilie und Oliven, dem Paprika-Pulver und Olivenöl in einer Schüssel vermengen und mit einem Spritzer Zitrone, Salz und Pfeffer abschmecken. Den zerpflückten Räucherfisch mit einer Gabel unterheben und die Schüssel bis zum Anrichten zur Seite stellen.

Nun kommt der Tempura-Teig für unsere Knusper-Grundeln. Dafür stellen wir zunächst einen kleinen Teil des Tempura-Mehles zum Mehlieren der Grundeln beiseite. Das restliche Tempura-Mehl (etwa 120 Gramm) rühren wir mit so viel Eiswasser an, dass der Teig schön glatt, aber noch etwas zähflüssig ist. Erst dieses Eiswasser macht den Tempura-Teig später beim Ausbacken so richtig schön knusprig!

Zum Dippen unserer Knusper-Grundeln bereiten wir eine Knoblauch-Mayonnaise (Aioli) zu. Dafür

Küchenfertige Grundeln, ohne Kopf und Innereien.

ganz einfach die Mayonnaise mit Safran, klein geschnittenem Knoblauch und etwas Zitronenabrieb verrühren.

Nun setzen wir einen Topf mit anderthalb Litern Sonnenblumenö-Öl auf der Herdplatte auf und erhitzen das Öl auf 170 Grad. Wenn das Öl heiß genug ist, panieren wir unsere Grundeln zuerst im trockenen Tempura-Mehl, dann im angerührten Tempura-Teig und zum Schluss in den Panko-Krumen. Die panierten Grundeln schwimmen jetzt letztmalig – und zwar für drei Minuten – im heißen Öl! Anschließend kurz auf Küchenkrepp abtropfen lassen und mit grobem Meersalz würzen. Salbeiblätter durch den Rest des flüssigen Tempura-Teiges ziehen, anderthalb Minuten lang im Öl frittieren und ebenfalls auf einem Küchentuch abtropfen lassen.

Die gerösteten Scheiben vom Baguette-Brot großzügig mit der Räucher-Grundel-Paste bestreichen. Zusammen mit den sagenhaft knusprig frittierten Grundeln, der Safran-Aioli, den frittierten Salbei-Blättern und Zitronen-Spalten anrichten.

Tipp
Wir haben Ihnen ein ziemlich aufwändiges Rezept zur leckeren Zubereitung der Grundeln gezeigt. Wie schön, dass wenigstens das Vorbereiten der fangfrischen Grundeln für die Küche sehr einfach funktioniert. Die Schwarzmund- und die Kessler-Grundel (diese beiden Arten kommen als Eindringling heute in vielen unserer mitteleuropäischen Flüsse vor) werden einfach nur „gezupft"! Unter Zupfen versteht man das Abtrennen des Kopfes mit einem scharfen, kleinen Messer bis gerade eben durch die Mittelgräte hindurch. Jetzt hängt der Kopf nur noch an den dünnen Bauchlappen des Fisches fest. Durch gleichmäßigen Zug reißen die Bauchlappen nun ab und die Innereien hängen noch am Kopf fest. Somit lassen sie sich einfach „herauszupfen". Die ausgenommenen Fische werden jetzt nur noch abgespült und kurz in kaltem Salzwasser gewaschen – fertig! Ein großer Vorteil bei dieser Methode ist auch, dass die Bauchlappen noch zusammen sind und nicht aufgetrennt wurden. Somit können sich diese im heißen Öl nicht mehr zusammenrollen!

Die Panade macht's – und der Geschmack der Grundel! Von der Mittelgräte merken Sie bei dieser Zubereitung nichts!

Die Forelle

ein Fisch mit großer Familie

Bei uns gibt es die einheimischen Bachforellen sowie deren Wanderformen Seeforelle und Meerforelle. Auf unseren Tischen landen jedoch meist Regenbogenforellen – und die wurden von Nordamerika in Europa eingebürgert. Heute kommen die meisten Forellen aus der Zucht. Dieser Kunstfisch trägt den appetitlichen Namen „Lachsforelle" und ist nichts anderes als eine Regenbogenforelle, deren eigentlich weißes Fleisch man durch Farbstoffzugabe im Futter rot gezüchtet hat. Dass Lachsforellen auch größer und fettreicher sind als der Ursprungsfisch, ist ebenfalls rein den Umständen in der Zuchtanlage geschuldet. Allerdings kommen sie auch immer wieder einmal als Beifang beim Angeln auf die heimischen Meerforellen an der Ostseeküste vor. Dort werden sie nämlich in Hälter-Käfigen vor der Küste gemästet und das Salzwasser der Ostsee wirkt sich positiv auf den Geschmack der Forellen aus. Kommt nun ein schwerer Sturm, geht hin und wieder einer dieser Käfige in die Brüche und die Lachsforellen haben nichts Dringenderes zu tun, als im großen Wasser das Weite zu suchen! Nach nur kurzer Zeit sind die Fische ausgewildert und haben vollständig ihren typischen Regenbogenschleier auf dem Schuppenkleid verloren. Diese silberblanken Fische sind kaum noch von der einheimischen Meerforelle zu unterscheiden, am besten noch durch die zahlreichen kleinen schwarzen Punkte, die ihre Schwanzflosse und die kleine Fettflosse schmücken. In der Küche sind diese Zucht-Varianten der Forelle (auch die hiesigen Bachforellen und Seeforellen werden fast ausschließlich aus Zuchtbetrieben in den Fischhandel eingebracht) zumeist sehr hochwertig. Sehr preiswerte Forellen haben aber manchmal doch einen etwas muffigen und modrigen Geschmack und obendrein sehr stark verkrüppelte Flossen. Dies ist nicht die Sorge von uns Anglern, wenn wir eine ausgewilderte oder heimische Forelle in einem großen, offenen Gewässer fangen. Hatte der Zuchtfisch nur ein paar Wochen Zeit, um seine Kreise zu ziehen und auszudehnen, wachsen die Flossen wieder herrlich heraus. Natürlich sind diese ausgewilderten Forellen oder gar Wildfänge von Bach-, Meer- oder Seeforelle wesentlich muskulöser, schlanker und haben weniger Fett an den Bauchlappen, das nicht im Muskelgewebe eingebettet ist. Somit ist der Angler hier qualitativ mal wieder im Vorteil – auch wenn ich bei Bedarf jederzeit und gerne auch auf einen hochwertigen Fisch aus der Zucht zurückgreifen würde. Man sieht es ihm schließlich schon von außen an, ob es ihm gut gegangen ist oder nicht ... Die Forelle ist ein Weltmeister in der Vielseitigkeit und sie macht als Sushi, gebeizt, kalt oder warm geräuchert, aus der Pfanne als „Forelle Müllerin", aus dem Topf als „Forelle blau", aus dem Backofen oder vom Grill immer eine ausgezeichnete Figur! Allerdings sollte man die rohen Variationen nur von Forellen (am besten Meerforellen) allerbester Qualität genießen.

WAS PASST ZUR FORELLE?

Das Fleisch aller Forellen ist gehaltvoll und schmackhaft und verträgt deshalb so ziemlich jede Komponente, die dem Esser und der Genießerin schmeckt. Von der einfachen Petersilienkartoffel bis hin zur scharfen Meerrettich-Soße ist hier der Lust des Koches keine Grenze gesetzt!

WAS BRAUCHT MAN AN WERKZEUG?

Wie schon beim artverwandten Lachs (ebenfalls ein „Salmonide") ist eine Grätenpinzette nützlich zum Entfernen der Fleischgräten. Fisch-Schupper (noch besser geht ein Stahlschwamm), Filetiermesser und eine Wurzelbürste zum Entfernen der hartnäckigen Nierenreste am Ende der Bauchhöhle gehören zur Grundausstattung der Forellen-Küche.

ASPIRE
TWIN
40

Karamellisierte Seeforelle

—— mit Gurkensalat

Eine spektakuläre, aber auch sehr einfache Art der Zubereitung, die den Charakter des verwendeten Fisches perfekt erhält und ihn einerseits knusprig, andererseits aber auch sehr saftig geraten lässt, stellen wir Ihnen an dieser Stelle vor. Den perfekten Garpunkt erzielt man dabei immer!

Die Seeforelle gründlich waschen, filetieren, Gräten ziehen, enthäuten und die beiden Filets halbieren, sodass vier gleichgroße Filet-Stücke entstehen.

Cremé fraîche mit etwas Wasabi-Pulver glatt rühren, mit Salz, Pfeffer und Limettensaft abschmecken.

Die Salatgurken schälen, Kerngehäuse entfernen, in lange dünne Streifen schneiden, ähnlich wie plattgedrückte Spaghetti (Trenette). Die Gurke zur Cremé fraîche hinzugeben und sanft miteinander vermengen.

Salz und Zucker im Verhältnis 1:1 mischen und die Fischfilets darin wälzen.

Seeforellenfilets in eine feuerfeste Form geben, mit einem Bunsenbrenner gleichmäßig abbrennen, bis die Oberfläche eine karamell-ähnliche Färbung bekommt und das Fleisch in einzelne Lamellen zerfällt. Bitte beide Seiten der Filets bräunen.

Den frischen Gurkensalat auf einem Teller anrichten, das warme Seeforellen-Filet daraufsetzen, mit Peperoni-Ringen und Koriander-Blättern garnieren. Dazu Soja-Sauce als Dip reichen.

Zutaten (für 4 Personen):

Zeitaufwand: 30 Minuten

Fisch:
- 1 Seeforelle, 2 Kilo schwer
- 100 g Salz
- 100 g Zucker

Gurkensalat:
- 200 g Cremé fraîche
- 2 TL Wasabi-Pulver, nach Geschmack
- Salz zum Abschmecken
- Pfeffer aus der Mühle, nach Geschmack
- Saft einer ½ Limette
- 2 Salatgurken

Garnitur, Soße:
- 1 rote Peperoni, in dünne Ringe geschnitten
- ½ Bund Koriander
- 50 ml Sojasauce

Wein:
Zum sommerlich leichten Gericht mit dem frischen Gurkensalat empfehlen wir, auch wegen der Schärfe der Peperoni und der salzigen Soja-Sauce, einen gekühlten halbtrockenen Müller Thurgau.

Alternative Fischarten:
Auch mit Meerforelle, Lachs, Saibling, Bach- oder Regenbogenforelle schmeckt dieses Gericht ganz hervorragend!

Lachsforelle „BBQ“

an krossen Kartoffeln und Coleslaw

Das kräftige Fleisch einer Lachsforelle verträgt einiges an Gewürzen. Hier zeigen wir Ihnen eine Variation mit einer klassischen Grill-Marinade, wie man sie auch für Geflügel verwenden könnte. Auch die Beilagen würden jeder Grillparty gut zu Gesicht stehen!

Einen großen Topf mit Salzwasser aufsetzen und die Kartoffeln 25 Minuten lang gar kochen, auskühlen lassen und in große Stücke schneiden. Backofen auf 190 Grad Ober- und Unterhitze vorheizen und zugleich das Fett in einem hohen Topf schmelzen.

Für den Coleslaw (amerikanische Variante des Krautsalates) die Karotten und den Kohl in feine Streifen schneiden (am einfachsten geht das mit einem Gemüse-Hobel) und mit Essig, Olivenöl, Salz und Pfeffer für 30 Minuten marinieren. Anschließend sorgfältig mit der Mayonnaise vermengen.

Für die Grill-Marinade den geschälten Ingwer, Knoblauch und entkernten Chili fein hacken und mit Soja-Sauce, Ahornsirup und Olivenöl vermengen. Mit Limetten-Abrieb, zerstoßenen Wacholderbeeren, Chili und Paprika-Pulver abschmecken.

Die Lachsforelle waschen und die Kiemen entfernen. Wer die Haut mitessen möchte, entschuppt den Fisch sorgfältig. Jetzt die Forelle trocken tupfen, innen und außen mit der Grill-Marinade einreiben und die Bauchhöhle mit Thymian und Lorbeer füllen. 15 Minuten lang marinieren und danach für 20 Minuten auf einen Rost legen (mit Öl bepinseln, damit die Haut nicht anhängt) und in der mittleren Schiene in den Backofen schieben. Den Fisch während des Garens nach und nach mit der restlichen Marinade bestreichen, am besten mit einem Silikonpinsel. Wenn sich die Rückenflosse der Lachsforelle herausziehen lässt und die Haut braun ist, dann ist der Fisch fertig und perfekt gegart!

Währenddessen die Kartoffeln im heißen Fett ausbacken, bis sie schön knusprig sind. Herausnehmen und mit Paprika-Pulver und mit Meersalz würzen, Kartoffeln und Salat auf einem Holzbrett rustikal anrichten.

Zutaten (für 2 Personen):

Zeitaufwand: 60 Minuten

- 1 Lachsforelle, etwa 1 kg schwer
- 1 kleiner Bund Thymian
- 2 frische Lorbeerblätter

Kartoffeln:
- 5 Kartoffeln
- Salzwasser
- 1 l Pflanzenfett zum Frittieren
- Paprika-Pulver, nach Geschmack
- Grobes Meersalz, nach Geschmack

Für den Coleslaw:
- 5 Karotten
- ¼ Kopf Weißkohl
- 100 ml heller Balsamico-Essig
- Hochwertiges Olivenöl
- Salz, Pfeffer, nach Geschmack
- 300 g Mayonnaise

Für die Marinade:
- 7 g Ingwer
- 2 Knoblauchzehen
- 4 Chili
- 80 g Soja Sauce
- 30 g Ahornsirup
- 2 EL Olivenöl
- Abrieb einer Limette
- 5 Wacholderbeeren
- 4 Chili
- 1 TL Paprika-Pulver (wenn möglich geräuchert)

Wein:
Trinken Sie dazu einen leichten Rotwein, zum Beispiel einen trockenen Spätburgunder.

Alternative Fischarten:
Felchen, Bachforelle, kleine Meerforelle

Lachsforelle mit Guacamole

—— auf dem Holzbrett

Eine herrlich duftende Forelle mit wunderbarem Raucharoma kommt bei diesem Gericht mit der traditionellen, sommerlich-frischen mexikanischen Avocado-Creme zusammen. Das schmeckt nach einem lauen Abend draußen, mit einem schönen Glas Wein und guten Freunden!

Das Holzbrett einige Stunden wässern, am besten über Nacht.

Die Lachsforelle gründlich waschen, filetieren, entgräten und mit der Hautseite nach oben auf das gewässerte Holzbrett legen. Den Fisch mit dem Brett auf ein Rost im vorgeheizten Kugelgrill legen und unter verschlossenem Deckel eine Viertelstunde lang garen.

Währenddessen die Guacamole zubereiten. Dafür zuerst die Avocados entkernen und in kleine Würfel schneiden, einen Teil mit einer Gabel leicht andrücken. Mit Limetten-Abrieb, Limettensaft, Olivenöl, der Hälfte des Korianders, Knoblauch, Peperoni, Ingwer, Salz und Pfeffer würzen. Tomate enthäuten, entkernen, fein würfeln und zu den Avocados geben. Radieschen in dünne Scheiben schneiden.

Wenn der Fisch gar ist, die Haut vorsichtig abziehen und das Filet mit der Guacamole beklecksen. Mit Radieschen und Koriander garnieren und alles zusammen auf dem Holzbrett servieren.

Info:
Hinter dem Begriff „Planking" verbirgt sich eine Grill-Technik mit ausschließlich indirekter Hitze, bei der das Grillgut auf einem feuchten Holzbrett, in gebührendem Abstand zur Kohlenglut gegart wird. Duft und Dampf des oft stundenlang gewässerten Würzholzes versorgen den Fisch beim Planking mit einem Wohlgeschmack, den man nur auf diese Art und Weise erzielen kann.

Zutaten (für 2 Personen):

Zeitaufwand: 25 Minuten

Fisch:
- 1 Lachsforelle, etwa 1 kg schwer
- Zedernholz-Brett zum Grillen

Guacamole:
- 2 Avocados
- 1 Limette
- 1 EL hochwertiges Olivenöl
- 10 g frischer Koriander
- ½ Knoblauchzehe
- 6 Peperoni-Ringe
- Etwas geriebene Ingwer-Wurzel
- Salz, Pfeffer, nach Geschmack
- 1 Tomate
- 3 Radieschen

Wein:
Sehr gut passt zu dem leichten Gericht ein Weißwein mit angenehmer Säure, wie ein halbtrockener oder trockener Riesling – je nach Ihrem persönlichen Geschmack.

Alternative Fischarten:
Felchen, Bachforelle, Barsch, Äsche

Rotauge, Brasse & Co.

—— mehr recht als schlecht

Friedfische haben keinen allzu guten Ruf in der Fischküche: Sie haben ziemlich viele Gräten, sind oft dünn im Fleisch und für den Angler an ziemlich jedem Gewässer ohne großen Aufwand und in beachtlicher Menge zu fangen. Diese Eigenschaften tragen nicht gerade zur Exklusivität des hübschen Fisches bei, dessen orange-rote Iris im Auge ihm seinen Namen gegeben hat. Anstelle von Rotaugen könnte man an dieser Stelle auch Brassen und Güstern erwähnen. Diese drei Fischarten machten, bevor die Invasion der Grundeln begann, häufig bis zu zwei Drittel des gesamten Fischbestandes eines Gewässers aus! Auch Barben, Nasen, Rapfen und Döbel sind aufgrund der vielen Gräten und ihres relativ weichen Fleisches nicht unbedingt die Hauptdarsteller der exklusiven Fischküche. Immerhin lassen sich diese Fischarten ganz gut zu Steckerlfisch über dem Grill oder als Bratfisch aus der Pfanne verarbeiten. Dabei werden Sie durch die Haut auf beiden Körperseiten mit einem scharfen Messer durch den gesamten Rücken bis auf die Mittelgräte eingeschnitten. Die Schnitte beginnen direkt hinter dem Kopf und setzen sich in zwei bis drei Millimeter kurzen Abständen bis zum Schwanz nach hinten fort. In Bayern und in Österreich ist diese Methode sehr populär, denn die zahllosen Fleischgräten werden dabei zunächst zerkleinert und dann mit einer Marinade aus Zitronensaft völlig aufgelöst. Danach den Fisch mit einer scharfen Gewürzmischung mit viel Paprika und Fenchel einreiben und am Drehspieß grillen oder in Rapsöl ausbacken. Sehr empfehlenswert zum „Schröpfen“ (so nennt man die Grätenschneide-Technik im Donauraum) eines filetierten Friedfisches (oder auch Karpfens beziehungsweise Hechtes) ist der Grätenschneider von Erich Klein aus der Rhön (www.graeten-schneider.de). Leider ist dieses handgearbeitete Präzisionsgerät mit Preisen ab 400,00 Euro ziemlich teuer. Wer aber regelmäßig auch die häufigeren Fische in unseren Gewässern verzehren möchte, der sollte ernsthaft über diese Investition nachdenken! Ich besitze meinen Grätenschneider bereits seit 2012 und bereue keinen einzigen Tag! Für unser Friedfisch-Rezept auf der folgenden Seite benötigen Sie lediglich ein Messer und einen Fleischwolf – denn wir machen Frikadellen aus unseren Rotaugen. Ebenfalls sehr wirksam gegen die vielen Gräten und aufgrund des anständigen Fettgehaltes unserer Friedfische auch mit einer schönen Bindung der Frikadellen-Masse!

WAS PASST ZUM FRIEDFISCH?

Frikadellen sind als Allzweck-Mahlzeit so ziemlich mit jeder Beilage und Soße zu kombinieren, die einem schmeckt. Als Steckerlfisch vom Grill oder gebraten aus der Pfanne gibt es den geschröpften Friedfisch oft mit frisch geschnittenem Radi oder Gurkensalat. Friedfische sind auch sehr gut zum Einlegen in saurem Sud geeignet, da die Gräten dabei schön weich werden (Rezept siehe „Eingelegter Hornhecht und „Bunte Bete“ vom Salzbett“).

WAS BRAUCHT MAN AN WERKZEUG?

Der bereits beschrieben Grätenschneider hat in der Gastronomie Einzug gehalten und ist sein Geld dort auch wert. Mit Geduld und einem scharfen Messer geht es aber auch. Ein starker Fisch-Schupper und ein einfacher Fleisch-wolf sind ebenfalls die richtigen Utensilien für Friedfisch-Freunde.

Rotaugen-Frikadellen

—— mit Zitronengras an gegrillter Avocado

Die gute alte Frikadelle schmeckt mit dem Fleisch von Rotaugen besonders fein. Den besondereren Kick bringt bei diesen Edelfischbuletten das frische Aroma von Zitronengras!

Die Rotaugen unter kaltem Wasser entschuppen, ausnehmen und filetieren.

Schalotten, Zitronengras, Ingwer und Knoblauch grob würfeln. Chilischote längs halbieren, entkernen. Die gewürfelten Zutaten zusammen mit der halbierten Chilischote und mit den Fischfilets einmal durch die feine Scheibe des Fleischwolfes drehen. Das Fischbrät nach Geschmack mit Salz und Pfeffer würzen und gut mit den Händen vermengen. Das Fisch-Eiweiß bindet die Masse selbstständig, je länger Sie das Brät mit den Händen kneten. Somit können wir auf die Zugabe von Brötchen, Paniermehl oder Eiern komplett verzichten und die Frikadellen sind von höchster Qualität! Aus der verarbeiteten Masse formen wir nun vier gleich große Fischfrikadellen.

Nun die Avocados vierteln und in einer heißen Grillpfanne ohne Fett etwa fünf Minuten lang auf den angeschnittenen Seiten anbraten.

Die Frikadellen im Panko-Mehl wenden und in einer Pfanne mit Sonnenblumen-Öl fünf Minuten lang garen, bis sie rundum knusprig und appetitlich braun sind. Zwischendurch die Frikadellen in der Pfanne etwas bewegen und zum Ende der Bratzeit noch eine Messerspitze Butter für den guten Geschmack in die Pfanne geben.

Gegrillte Avocados mit dem Saft einer Limette, Olivenöl, Meersalz, Pfeffer, Koriander und der übrigen, fein gehackten Chilischote marinieren.

Die warmen Fischfrikadellen zusammen mit den gebratenen Avocados anrichten und die Frikadellen nach Belieben mit Meersalz würzen.

Zutaten (für 2 Personen):

Zeitaufwand: 30 Minuten

Frikadellen:
- 800 g ganze Rotaugen
- 5 Schalotten
- 2 Stangen Zitronengras
- 20 g Ingwer
- 5 Knoblauchzehen
- ½ Chilischote
- Salz und Pfeffer, nach Belieben
- Sonnenblumen-Öl
- 1 Msp. Butter
- 60 g Panko-Paniermehl

Avocados:
- 2 Avocados
- 1 Limette
- Hochwertiges Olivenöl
- 1 Stange Koriander
- ½ Chilischote
- Bestes Meersalz
- Pfeffer aus der Mühle

Getränke-Empfehlung:
Was schmeckt zur Frikadelle? Richtig, ein kühles Blondes! Aber die edle Zitronen-Note dieser Edel-Frikadelle ermöglicht Weintrinkern auch den Genuss eines schönen Chardonnays.

Alternative Fischarten:
Sie können selbstverständlich jeden anderen grätenreichen Fisch wie zum Beispiel Brassen, Rapfen, Barben oder Döbel für unser leckeres Frikadellen-Rezept verwenden.

Krebse & Krabben

was für sonntags

Was haben denn bitte Krebse und Krabben in einem Buch für Angler verloren!? Das sage ich Ihnen gerne: Seit ich mit meinem kleinen Sohn auch abends mal mit der Taschenlampe an unseren Gewässern unterwegs bin, weiß ich, wie es vielerorts von Flusskrebsen wimmelt! Vor allem in meinem alten Heimatgewässer, dem Oberrhein bei Worms, kann man sich abends schnell eine kleine Mahlzeit mit dem Kescher (oder mit ein wenig Geschick auch mit der bloßen Hand) zusammenfangen. Dabei ist es hilfreich zu wissen, dass Krebse immer mit dem Schwanz voran in das Kescher-Netz oder in die Hand schwimmen. Aber Vorsicht, denn das Krebsfischen mit weit effektiveren Krebstellern oder Reusen (und seien sie auch noch so klein) ist in Deutschland flächendeckend verboten und lediglich einigen Berufsfischern vorbehalten. Doch auch bei unseren privaten Fängen mit dem Kescher ist Vorsicht geboten: Die Wahrscheinlichkeit, dass Sie einen „legalen" Krebsfang in Form eines Nordamerikanischen Flusskrebses (Kamberkrebs) machen, liegt zwar am Rhein bei beruhigenden 80 bis 90 Prozent. Allerdings sollten Sie unbedingt in der Lage sein, ihn an seinen orangenen Scherenspitzen auch unmissverständlich zu erkennen! Die ebenfalls vorkommenden Signalkrebse und Steinkrebse sind nämlich teilweise geschont, die Weibchen sogar

ganzjährig. Da es bei der Unterscheidung dieser Arten fast schon einer Doktorarbeit bedarf, konzentrieren Sie sich bitte bei Ihren Bemühungen auf den Amerikaner mit den verräterisch leuchtenden Scherenspitzen. Wo der vorkommt, brauchen Sie auch keinerlei Sorge zu haben, dass Sie den streng geschützten Edelkrebs in die Hände oder in den Kescher bekommen: Wo Kamberkrebse vorkommen, übertragen sie nämlich leider sehr zuverlässig die Krebspest auf den heimischen Edelkrebs und sie haben ihn in allen großen Gewässersystemen ausgerottet. Deshalb unterstützen Sie mit jedem gefangenen Kamberkrebs auch die Bemühungen der Europäischen Union, die diese Krebsart im Jahr 2016 deshalb auf die Liste der „unerwünschten Arten“ gesetzt hat (während er übrigens in seinem Ursprungsgebiet paradoxerweise zu den gefährdeten Arten gehört …). Oder Sie machen es ganz einfach und kaufen sich Ihre Flusskrebse im Fachhandel! Die kommen dann oftmals aus der Aquakultur (zum Beispiel den großwüchsigen Galizischen Sumpfkrebs aus der Türkei), manchmal aber auch aus der Binnenfischerei (zum Beispiel Iran oder Armenien). Wichtig ist, dass wir alle gemeinsam unsere Bemühungen zur Erhaltung gefährdeter Arten umsetzen. Deshalb empfehlen wir hier ausdrücklich, lebende Krebse nur außerhalb ihrer Laichzeiten einzukaufen – die unbedenkliche Fangzeit liegt zwischen Juni und Dezember. Zwar dürfen außerhalb dieser Zeit männliche Krebse auch weiterhin gehandelt werden. Wer aber unbedingt Flusskrebse im Winter oder Frühling verzehren möchte, der greift besser auf Tiefkühl-Produkte oder eingelegtes Krebsfleisch zurück. Hier wird aber immer mit Konservierungsmitteln gearbeitet, um eine natürliche Schwarzfärbung des Fleisches zu vermeiden. Dies wäre zwar unbedenklich, sieht aber nicht wirklich appetitlich aus. Wenn Sie selbst frisch gekochte Krebse einfrieren, wird Ihnen dieses Phänomen unweigerlich begegnen – daher Flusskrebse immer am besten frisch verzehren! Auch wenn es etwas martialisch anmutet: Lebende Krebse muss man kochen, um sie auf die bestmögliche Weise zu töten. Aber bitte unbedingt einen großen Topf mit sprudelnd heißem Wasser aufsetzen und immer nur einzelne Krebse mit dem Kopf voran ins siedende Wasser eintauchen. Bei kleineren Töpfen und der Zugabe mehrere Tiere sinkt die Wassertemperatur schnell unter die Kochschwelle und sie betreiben dann nichts weiter als eine große Tierquälerei ...

Noch häufiger als Flusskrebse stehen Garnelen auf dem Einkaufszettel der Fischfreunde. Zum einen, weil sie wesentlich leichter zu bekommen sind als Flusskrebse. Zum anderen aber auch, weil sie vom Fleischgehalt deutlich ergiebiger sind. Qualitativ überlegen sind Garnelen aus dem Salzwasser. Die kennen Angeltouristen zum Beispiel als „ferske reker“ aus Norwegen, wo man sie günstig und frisch auf dem Kutter abgekocht bekommen kann – eine große Delikatesse! Oder eben frisch als Wildfang erbeutet, gekocht und auf Eis in unserem Fischhandel. Dort bekommen Sie auch Garnelen aus dem Salzwasser, überwiegend jedoch aus dem Süßwasser, welche in Aquakulturen aufgezogen wurden. Hier empfiehlt es sich aber, genau nachzufragen, woher die Tiere kommen – oft entscheidet auch die Höhe des Preises über die Qualität der Ware und die Arbeitsbedingungen vor Ort. Tiefkühlware ist bei Garnelen sehr weit verbreitet und die Qualität des tiefgekühlten Garnelenfleisches ist sehr gut (ein hervorragendes Ausgangsprodukt natürlich vorausgesetzt). Noch etwas zur Begriffsklärung, da es hier doch teilweise ein ganz schönes Kuddelmuddel gibt: Neben dem Begriff „Garnele“ wird oft auch von Shrimps und Krabben gesprochen. Hier ist alleine die Größe ausschlaggebend! Die kleinsten sind die Krabben (zum Beispiel die beliebten Nordseekrabben), dann kommen die Shrimps (auch unsere norwegischen „reker“ laufen oft unter diesem Namen) und dann die großen Garnelen. Die nächste Steigerung wäre dann die Languste, die ist nämlich sozusagen eine Monster-Garnele ...

WAS PASST ZU KREBSEN UND KRABBEN?

Krebse werden gerne in einem Sud mit glatter Petersilie, Dill, Zitrone, Zucker und Salz gekocht und auch in diesem Sud serviert – köstlich! Das feste, nussig-aromatische Fleisch ist aber natürlich auch für Pasta oder Salate bestens geeignet. Unser Flammkuchen ist aber besonders köstlich, den müssen Sie unbedingt ausprobieren! Garnelen schmecken direkt aus der Schale mit einem frischen Kräuter-Dip am besten – dazu vielleicht ein geröstetes Knoblauchbrot und das Schwelgen kann beginnen!

WAS BRAUCHT MAN AN WERKZEUG?

Geübte Finger, um das Fleisch aus den Körpern der Krustentiere herauszubrechen! Bei kleineren Flusskrebsen lohnt sich das Knacken der Scheren oder Beine kaum, wie wir es vom Hummer kennen – da ist einfach zu wenig Fleisch drin. Daher kann auf eine Hummerzange verzichtet werden. Eine Schüssel mit Zitronenwasser und ein frisches Handtuch – das gehört bei einer zünftigen Krebs- oder Krabbenmahlzeit mit ungeschälten Tieren aber immer und unbedingt an den Platz eines jeden Essers!

Garnelen im Knuspermantel

—— auf frischem Gemüsebett

Eine leckere Garnele schmeckt ja so ziemlich in jedem Zustand, sogar roh. Doch in der knusprigen Hülle aus Glasnudeln sehen sie nicht nur toll aus – das nussige Aroma der Garnele wird noch deutlich verstärkt! Wir servieren die knusprige Leckerei auf einem Bett aus frischem Gemüse.

Die Tomaten in dünne Scheiben schneiden und die Radieschen hobeln. Frühlingszwiebeln putzen und ebenfalls in dünne Ringe schneiden. Jetzt die Tomatenscheiben auf einer Anrichteplatte fächern, Frühlingszwiebeln, Koriander und Radieschen kreativ darüber anrichten. Mit Limettensaft, Olivenöl, Pfeffer und Salz würzen.

Die Glasnudeln mit einer starken Schere in drei bis fünf Zentimeter lange Stücke schneiden. Eier trennen und die beiden Eiweiße etwas aufschlagen. Garnelen in den Eiweiß-Schaum geben und direkt mit den Glasnudeln panieren. Das ist etwas fummelig, aber die Mühe lohnt sich – aus geschmacklicher und optischer Sicht!

In einem großen Topf das Sonnenblumen-Öl heiß werden lassen und die Garnelen für anderthalb Minuten bei 170 Grad frittieren. Auf einem Küchentuch kurz abtropfen lassen und mit Limettensaft und Pfeffer würzen. Auf dem Tomatensalat anrichten und Sweet-Chil-Sauce als Dip reichen.

Zutaten (für 2 Personen):

Zeitaufwand: 40 Minuten

- 200 g Garnelen, geschält und ohne Darm
- 80 g Glasnudeln
- 2 Eier
- 2 l Sonnenblumen-Öl

Gemüsebett:
- 7 Strauchtomaten, bunt
- 6 Radieschen
- 2 Stangen Frühlingszwiebeln
- 1 Bund Koriander
- 1 Limette
- Olivenöl

Allgemein:
- Sweet-Chili-Sauce
- Grobes Meersalz und Pfeffer, nach Belieben

Wein:
Dazu trinken wir einen leichten Weißwein, beispielsweise einen gut gekühlten, trockenen Silvaner.

Alternative Fischarten:
Auch Fischwürfel vom Dorsch, Zander oder Seeteufel lassen sich auf diese Weise zubereiten und schmecken köstlich zu einem frischen Salat!

Flammkuchen

mit Flusskrebsen

Flusskrebse sind zwar kleiner als der große Bruder Hummer, geschmacklich aber in der gleichen Liga zu Hause. Wir servieren die saftigen Krebs-Schwänze heute einmal auf einem knusprigen Flammkuchenteig mit herrlich säuerlicher Creme und aromatischen Kirsch-Tomaten.

Zunächst bereiten wir den Flammkuchen vor. Dafür Mehl und Salz in einen Topf geben, Hefe im Wasser auflösen und ebenfalls dazugeben. Teig gründlich mit den Händen verkneten, bis er glatt geworden ist. Die Teigkugel in Frischhaltefolie einschlagen und an einem warmen Ort für 15 Minuten ruhen lassen, im Winter am besten in Heizungsnähe.

Jetzt geht's an den Belag: Tomaten längs halbieren und mit der aufgeschnittenen Seite nach oben auf ein Ofenblech legen. Den geschälten Knoblauch in hauchdünne Scheiben schneiden und zusammen mit Olivenöl, Salz, Pfeffer, Zucker, Thymian und Rosmarin über die Tomaten geben. Bei 140 Grad (vorgeheizt) für etwa 13 Minuten sanft im Backofen trocknen lassen.

Währenddessen die Crème fraîche mit Pfeffer und geriebenem Parmesan würzen. Eine viertel Salz-Zitrone mit der Schale filetieren, von den Kernen befreien, fein hacken und dazugeben.

Die gekochten Flusskrebse aufbrechen und die Schwänze auslösen.

Die Frühlingszwiebeln putzen und in feine Scheiben schneiden.

Zutaten (für 2 Personen):

Zeitaufwand: 30 Minuten

- 20–25 Flusskrebse, gekocht

Flammkuchen-Teig:
- 250 g Mehl
- Salz
- 7 g Trockenhefe
- 125 ml lauwarmes Wasser

Belag:
- 200 g Cherry-Tomaten
- 2 Knoblauchzehen
- Olivenöl zum Braten
- Meersalz, nach Belieben
- Pfeffer und Zucker, nach Belieben
- 3 Zweige Rosamarin
- 3 Zweige Thymian
- 3 Stangen Frühlingszwiebeln
- Bronze-Fenchel

Creme:
- Pfeffer
- 100 g Parmesankäse
- ½ Salz-Zitrone (1 Jahr gelagert)
- 150 g Crème fraîche

Wein:
Zum knusprigen Flammkuchen mit dem säuerlich frischen Belag schmeckt ein kalter, halbtrockener Müller-Thurgau.

Eine Arbeitsplatte mit Mehl bestäuben und den Teig ganz dünn mit einem Nudelholz ausrollen. Ein Backblech ölen, den dünnen Teig darauflegen und für zwei Minuten bei 180 Grad im vorgeheizten Backofen (Ober- und Unterhitze) vorbacken. Den Teig aus dem Ofen nehmen, mit der Crème fraîche-Mischung bestreichen und für weitere drei Minuten in den heißen Ofen geben, bis der Belag leicht beginnt, zu überbacken (gratiniert). Mit den halben getrockneten Tomaten, den Flusskrebs-Schwänzen und den Frühlingszwiebel-Scheiben belegen. Mit ein paar Zweigchen vom Bronze-Fenchel garnieren und mit grobem Meersalz und gutem Olivenöl verfeinern.

Tipp

Den Flammkuchen können Sie ganz nach Ihrem Gusto belegen – ähnlich wie eine Pizza! Aber Vorsicht mit zu schweren und feuchten Belägen – die werden vom dünnen Teig nicht getragen. Krabben, Garnelen, aber auch Scheiben von Fischfilets sind als Belag eine gute Alternative zum Flusskrebs.

Was ist eine Salz-Zitrone?

Eine Geschmacks-Explosion für Zitrus-Freunde, die aus Marokko kommt! Zitronen werden zur Herstellung dieser fruchtigen Delikatesse eingeschnitten und an den Schnittstellen mit Meersalz eingerieben. Dann werden die Zitronen mit kochendem Salz-Zitronenwasser übergossen und fest in einem Gefäß verschlossen. Nach einer Reifezeit von mehreren Wochen ist die Salz-Zitrone fertig und kann genossen werden!

Was ist Bronze-Fenchel?

Der Bronze-Fenchel ist ein Heilkraut, dem man eine beruhigende Wirkung nachsagt. Er lässt sich mühelos in jedem Gartenbeet anbauen und hat eine etwas mildere Note als das Fenchelkraut von der Fenchelknolle.

Krebse gibts frisch im Handel – von Hand dürfen einige Arten auch in unseren Gewässern gefangen werden.

Über den Autor

Der populäre Angel-Guide aus Hamburg hat eine zweite große Leidenschaft: Jörg Strehlow berichtet regelmäßig in Wort, Bild und Film über das Zubereiten von Fischen in der Fachpresse. Seminare zum Räuchern, Grillen und Kochen von Fischen sowie Vorführungen auf großen Angelmessen gehören heute genauso zu seinem Leben, wie der Fang von Fischen mit der Angelrute und die Betreuung seiner Gäste an Elbe und Ostsee. Im Herbst 2016 hat der zertifizierte Natur- und Landschaftsführer außerdem einen Online-Handel für Fischgewürze und interessante Helfer in der Fischküche eröffnet.

Angelschule: www.der-angler.de
Fischküche: www.spicyfish.de
Nachhaltigkeit: www.anglerkodex.de

E-Mail: joergstrehlow@t-online.de
Telefon/WhatsApp: 0170 - 90 36 028

Top Reviere — Tolle Fänge

160 Seiten, ca. €(D) 25,–

Jährlich zieht es viele Angler an die deutschen Küsten. Ob Brandungsangeln, Watfischen in flachen Uferzonen oder das äußerst beliebte Kutterangeln – Jörg Strehlow erklärt alles Wichtige rund ums Meeresangeln.
Der Autor ist erfahrener Angelguide an der Küste und mit den Unterschieden zwischen Nord- und Ostsee bestens vertraut. Sein fachkundiger Rat zu Zielfischen, Techniken und Taktiken sowie seine Insidertipps zu den besten Revieren garantieren auch Neulingen sichere Erfolge.

kosmos.de

Bildnachweis

Mit 18 Farbfotos von „Deutsche See“ (Seiten 4,7,37, 72, 73, 76, 77, 78, 79, 80, 81, 123, 125, 126, 128, 129, 141, 143), 2 Farbfotos von Sebastian Bruns (Seiten 11, 30-31), 1 Farbfoto von Henning Stühring, „Fisch & Fang“ (Seiten 44-45), 1 Farbfoto von Marcel Wiebeck (Seiten 58-59), 1 Farbfoto von Stefan Nölting (Seite 107), 1 Farbfoto von Marco Wenk (Seite 121 auf dem Foto Peter Klein), alle weiteren Aufnahmen stammen vom Autor Jörg Strehlow

Impressum

Umschlaggestaltung von Jorge Schmidt unter Verwendung einer Aufnahme von Jörg Strehlow.

Unser gesamtes Programm finden Sie unter **kosmos.de.**
Über Neuigkeiten informieren Sie regelmäßig unsere
Newsletter, einfach anmelden unter **kosmos.de/newsletter**

Gedruckt auf chlorfrei gebleichtem Papier

FSC www.fsc.org MIX Papier aus verantwortungsvollen Quellen FSC® C084279

ISBN 978-3-440- 15166-2
Projektleitung: Ben Boden
Satz: Cordula Schaaf
Produktion: Angela List
Druck und Bindung: Print Consult GmbH, München
Printed in Lithuania / Imprimé en Lituanie